La preservación de la biodiversidad en el sistema tributario

La preservación de la biodiversidad en el sistema tributario

Rosa Galapero Flores
Catedrática de Derecho financiero y tributario
Universidad de Extremadura

Atelier
LIBROS JURÍDICOS

Colección: Atelier Financiero

Director:
Miguel Ángel COLLADO YURRITA
(Catedrático de Derecho financiero y tributario de la UCLM)

Esta obra es parte del proyecto «Plan Complementario de Biodiversidad», cofinanciado por el Ministerio de Ciencia, Innovación y Universidades y la Junta de Extremadura con el Fondo Europeo de Desarrollo Regional.

Este libro ha sido sometido a un riguroso proceso de revisión por pares.

© 2025 Rosa Galapero Flores

© 2025 Atelier
      Santa Dorotea 8, 08004 Barcelona
      e-mail: editorial@atelierlibros.es
      www.atelierlibrosjuridicos.com
      Tel.: 93 295 45 60

I.S.B.N.: 979-13-87867-98-0
Depósito legal: B 22465-2025

Diseño y composición: Addenda, Pau Claris 92, 08010 Barcelona
      www.addenda.es

Impresión: Podiprint

A mis hijos, Rodrigo y Hernán

ÍNDICE

Capítulo primero

LA BIODIVERSIDAD Y SU IMPORTANCIA A EFECTOS FISCALES

I. INTRODUCCIÓN

El mundo se enfrenta a una revolución climática, a un cambio de paradigma en las situaciones climáticas que se producen. En las sociedades avanzadas una de sus principales características es la importancia y prioridad asignada a las cuestiones medioambientales. Esta prioridad ha puesto en primera línea de debate el uso de instrumentos económicos de regulación como parte de las políticas medioambientales y, como una categoría destacada dentro de ellos, el diseño y aplicación de nuevas figuras impositivas con dicha finalidad. El cambio climático representa una cuestión urgente e inaplazable que exige la adopción de acciones inmediatas para mitigar sus efectos y garantizar un futuro sostenible.

Las manifestaciones del cambio climático son innegables y cada vez más evidentes. Entre sus múltiples consecuencias, destacan el calentamiento global, con temperaturas y fenómenos meteorológicos cada vez más extremos que conllevan a la desertificación y al deshielo de los glaciares con el consiguiente aumento del nivel del mar, así como las alteraciones en los ecosistemas que afectan a la biodiversidad de numerosas especies que no logran adaptarse a las nuevas condiciones ambientales. En este sentido, el cambio climático representa una cuestión urgente e inaplazable que exige la adopción de acciones inmediatas para mitigar sus efectos y garantizar un futuro sostenible.

Ante esta realidad expuesta de preocupación social por el medio ambiente, los poderes públicos responden habilitando las soluciones que, a su juicio, son las más adecuadas para la consecución de esta finalidad. De entre todas las posibilidades que se ofrecen, la de usar instrumentos fiscales para conseguir dirigir las conductas de los agentes económicos hacia el respeto al medio ambiente es una de las que está siendo en la actualidad objeto de un intenso análisis y debate.

La protección del medio ambiente y de los recursos naturales es uno de los ejes para el desarrollo de los países. Para que estos puedan alcanzar un estado de desarrollo que mejore la calidad de vida de sus ciudadanos y sea sostenible en el tiempo, deben establecer mecanismos de resguardo de sus recursos naturales y del medio ambiente al que se ve expuesta la población.

A partir de la Conferencia de las Naciones Unidas sobre el Medio Humano, celebrada en Estocolmo en el año 1972, las materias relacionadas con el medio ambiente y los recursos naturales fueron relevadas en el contexto de la política internacional y, mediante el establecimiento de principios y un plan de acción, se resaltó la necesidad de compatibilizar el desarrollo con la protección y el resguardo de los recursos naturales y mejorar el medio ambiente humano en beneficio de la población.

Entre los principios establecidos, que permanecen vigentes hasta el día de hoy, están, por ejemplo, la preservación de los recursos naturales en beneficio de las generaciones presentes y futuras, la responsabilidad del hombre en la conservación y administración de la flora y fauna silvestre o la adopción por parte de los Estados de un enfoque integrado y coordinado de la planificación de su desarrollo.

Con objeto de fortalecer esta visión de crecimiento, en el marco de la Conferencia de las Naciones Unidas sobre el Desarrollo Sostenible (Río+20) del año 2012, los países ratificaron su compromiso de aplicar diferentes enfoques, visiones, modelos e instrumentos, en función de sus circunstancias y prioridades nacionales, para lograr el desarrollo sostenible en sus tres dimensiones, ambiental, social y económica. Además, diez países de la región firmaron la Declaración sobre la aplicación del principio 10 de la Declaración de Río sobre el Medio Ambiente y el Desarrollo, la cual reconoce los derechos de la ciudadanía al acceso a la información, la participación y la justicia en materia ambiental. Los países que firmaron esta declaración en el marco de la Cumbre de Río+20 fueron Chile, Costa Rica, el Ecuador, Jamaica, México, Panamá, el Paraguay, el Perú, la República Dominicana y el Uruguay.

En esta Declaración se establece que, para una adecuada promoción del desarrollo sostenible, de la democracia y de un medio ambiente sano, es necesario que las personas tengan acceso a la información. La transparencia y entrega de información permite, además, una mejor toma de decisiones, el involucramiento de todos los actores de la población en los problemas ambientales y sus posibles soluciones, conocer las mejores prácticas y diseñar mejores instrumentos de gestión.

Mediante la aplicación de diversas herramientas, tanto de política como de gestión, los países han buscado cumplir con estos principios y efectivamente seguir una senda de desarrollo sostenible en todos sus ámbitos. Existen diversas experiencias a nivel internacional que son de gran valor tanto para las autoridades nacionales como a nivel internacional. Si los instrumentos de gestión y política son adecuadamente desarrollados, permiten alcanzar los objetivos de sustentabilidad de manera más eficiente. Sin embargo, si tienen fallas en su diseño, pueden producir efectos negativos sobre el ambiente, disminuyendo las posibilidades de desarrollo y calidad de vida de algunos grupos de la sociedad, generalmente aquellos que son más vulnerables.

Para la consecución de fines ambientales la fiscalidad ambiental puede ser un instrumento muy poderoso en manos de los poderes públicos. Esta materia ha sido tratada con interés por el derecho, en cuanto la fiscalidad ambiental sea conciliable con los principios y conceptos jurídico-tributarios, con la articulación competencial de los Estados, y con las exigencias derivadas de acuerdos internacionales.

Ante esto, debemos saber que la utilización del sistema tributario para la protección del medio ambiente se enfrenta a los problemas de la extrafiscalidad, cuestión siempre muy debatida. Y es que, la estructuración de una figura tributaria con fines no fiscales acarrea diversas dificultades; tanto, en relación a su finalidad, como también en relación con otros aspectos más profundos, como es la posible oposición al principio de la capacidad económica.

Después de este primer acercamiento general al uso de instrumentos económicos en la gestión ambiental podemos concretar cual es el significado de esta categoría, su función y exponer algunos ejemplos de estos instrumentos. Los instrumentos económicos son aquellos que modifican los precios relativos de los bienes y servicios que se observan en el mercado[1].

Algunos de los instrumentos económicos que se vienen empleando son los siguientes:

— Tasas por emisión de contaminantes. Se les cobra a las empresas una cuota por unidad de descarga de contaminantes en el ambiente con el fin de que éstas traten sus efluentes y de esta manera reducir la contaminación. Se aplica en Francia, Holanda y Alemania.
— Derechos negociables de emisión. La agencia ambiental fija la carga máxima de contaminantes que puede recibir el medio ambiente. La carga máxima se divide en derechos de emisión que son vendibles y transferibles tal cual fueran títulos o valores negociables. Se aplica en Estados Unidos y en la Unión Europea.
— Tasas por uso. El cobro recae sobre los usuarios de los recursos naturales con el fin de cubrir el costo del manejo del ambiente, reducir el consumo y motivar la conservación. Es el caso del impuesto a los combustibles, a las explotaciones forestales y de bosques naturales. Por uso de agua se aplican tasas en Francia, Australia, Nueva Zelanda y Chile, por explotación de la biodiversidad en Costa Rica y por los servicios que presta la protección de cuencas en Brasil e Indonesia.
— Fondo de garantía ambiental. Los proyectos mineros, forestales y de infraestructura pagan una cuota para asegurar que al final repararán los posibles daños ambientales. Este fondo de garantía se aplica en Indonesia y Malasia.

---

1. MUÑOZ VILLARREAL, A., «Fiscalidad y medioambiente. Estado de la Cuestión», **AJEE**, XLVI (2013).

— Impuestos verdes y diferenciales. En Suecia, Finlandia y Dinamarca se proyecta reemplazar impuestos tradicionales por impuestos al consumo y contaminación del ambiente; que paguen más los usos y productos que deterioran el ambiente y se subsidien parcialmente los que son conservacionistas.

— Incentivos económicos internacionales. Se utilizan para financiar la eliminación de los gases que afectan la capa de ozono y para programas de conservación ambiental con beneficios globales.

La utilización de los recursos naturales lleva, en muchas ocasiones, un perjuicio para éstos que no se contabiliza en el precio del producto o actividad. La naturaleza y su biodiversidad constituyen la base sobre la cual las economías existen, por lo que su degradación tiene impactos significativos sobre las finanzas públicas y la sostenibilidad fiscal.

Las evidencias que ofrece el mundo contemporáneo han sido lo suficientemente elocuentes para llamar la atención sobre la necesidad de combatir frontal y decididamente el deterioro medioambiental. Una aproximación al problema conlleva la necesaria contextualización, que implica de antemano reconocer una tarea sumamente compleja, lo que, sin embargo, no impide como ejercicio referencial colocar de manera general algunos elementos que lo explicitan. Al intento, se ha señalado insistentemente la incidencia negativa de la contaminación en niveles que atentan la recomposición natural del entorno y que, en gran medida, acusa la vigencia de un modelo económico basado en el consumo. Las pretensiones por mejorar la calidad de vida a través de un mercado proveedor de bienes y servicios para alcanzar la satisfacción de necesidades humanas, no presenta de plano oposición ni reservas, pero cuando este objetivo, repercute en el medio natural con la potencialidad de afectarlo en niveles que ponen en riesgo la propia supervivencia humana, la situación toma otros tintes. Los inconvenientes de un crecimiento económico impulsado preeminentemente por motivaciones crematísticas y de rentabilidad con marcados procesos de industrialización, se hacen palpables a la hora de evaluar el impacto en el medio ambiente. Se trata de una cuestión que ha motivado desde hace algunos años una extensa y profunda reflexión acreditable desde distintas disciplinas científicas expresivas de vertientes teóricas y empíricas calificadas, que han ido dando testimonio del interés cada vez mayor por un abordaje del tema con rigor. El medio ambiente o simplemente ambiente, resulta, posiblemente, el objeto que desde los reductos de cada campo científico o, extendidamente[2].

El objetivo de las políticas medioambientales debe ser reducir los malos hábitos y actividades nocivas que las personas ejercen la sobre el medio ambiente, asegurando la compatibilidad del desarrollo económico y la efectividad

---

2. Precisión que a juicio de ALENZA GARCÍA, J. F., conviene hacer por un manejo terminológico más ajustado al lenguaje, aunque sin dejar de reconocer el uso extendido de la locución «medio ambiente». **El Sistema de la gestión de residuos sólidos urbanos en el Derecho Español, Instituto Nacional de Administración Pública, Boletín Oficial del Estado, Madrid, 1997.**

ambiental. Ante este reto, no toda la responsabilidad debe de recaer sobre los gobiernos y las instituciones, sino que ésta, lo debería hacer en gran parte sobre la sociedad que, a su vez, debe de asumir que para que una economía subsista, ésta ha de ser ambientalmente sostenible. Del mismo modo, las empresas deben ser competitivas. En la actualidad, las políticas de protección ambiental, combinadas con otras normas y políticas, se dirigen y orientan hacia el principio de «quien contamina, paga», un principio universal avalado por organismos e instituciones internacionales como la Unión Europea o la Organización para la Cooperación y el Desarrollo Económico (OCDE). Dentro de las políticas medioambientales, seria primordial crear programas de educación ambiental, que son un instrumento clave en la gestión ambiental y que los gobiernos deberían priorizar, estableciendo que programas educativos son los más adecuados para sus diferentes poblaciones.

En la misma dirección, dichos programas deberían orientarse sobre la población de determinados territorios para ayudarles a ser más ecoeficientes y respetuosos con el entorno en que se desenvuelven y desarrollan su vida cotidiana. En Europa, sería interesante estudiar la posibilidad de producir una mayor eficiencia económica y ambiental y un mejor aprovechamiento de los recursos naturales que revertirán positivamente sobre la población. Para ello la fiscalidad ambiental es fundamental en la protección del medio ambiente, ya que medio ambiente, es igual a espacio en el que habitamos.

Los impuestos ambientales son necesarios para gravar los efectos negativos sobre el medio ambiente (cambio climático, o la contaminación atmosférica), que provienen de las actividades productivas y de los propios consumidores (internalizar los costes de las externalidades). A la hora de aplicarlos, hay que tener en cuenta que, el resultado de su la aplicación puede no lograr los efectos de eficiencia ambiental deseados a corto plazo, pero sí a largo plazo, en este sentido, es importante enviar un mensaje a los agentes económicos, sociales y al conjunto de la sociedad con políticas dirigidas a una mayor equidad y sostenibilidad medioambiental que, por ejemplo, con la mejora de las tecnologías o cambios en el stock de los bienes de consumo. Por otra parte, los impuestos ambientales, a la vez que penalizan a aquellos agentes o personas que desarrollen actividades y conductas que supongan un deterioro para el medio ambiente, deben incentivar las buenas costumbres.

De lo mencionado supra, se deduce que, la fiscalidad medioambiental juega un papel fundamental, no solo como agente penalizador, sino también como agente conciliador que debe ser complementario a una norma ambiental, que el legislador debería reforzar y consolidar, para penalizar a aquellas conductas o actividades que deterioran el medio ambiente. En este sentido, es fundamental utilizar mecanismos que permitan lograr ese objetivo, es crucial el uso de elementos fiscales no discrecionales. Así la base imponible debe estar relacionada con el problema ambiental que se busca corregir, lo ideal sería que reflejase las emisiones de contaminación al medio ambiente, por ejemplo, las emisiones de gases de efecto invernadero a la atmósfera; sin embargo, en muchas ocasiones, esto no es posible debido a su elevada complejidad y costos para la administración y su cumplimiento. En cierto modo, esto ya se está produciendo en la mayoría de los Estados europeos, pero aún es insuficiente por lo que habrá que profundizar más hasta que el consumo de los recursos medioambientales y las emisiones de gases se conviertan en principal criterio fiscal a la hora de recaudar, eso sí, respetando siempre la progresividad actual de los sistemas tributarios.

La introducción de impuestos ambientales supone que el consumo se dirija hacia otras alternativas más sostenibles, además de destinar lo recaudado a sufragar y paliar los daños ocasionados por actividades nocivas sobre el medio ambiente, por lo tanto, se consigue la doble finalidad: por un lado, reducir la contaminación, y de otro lado, financiar las acciones dirigidas a reparar el daño. A la hora de introducir un impuesto ambiental o de otra naturaleza, es importante y fundamental tener en cuenta dos aspectos para su viabilidad:

Que sean viables administrativamente: esto es de fácil aplicación en la práctica. Para ello y, en primer lugar, es necesario conseguir su viabilidad administrativa, de modo que se minimicen sus costes de administración y cumplimiento.

Esto se consigue con una fiscalidad automática, algo factible en una sociedad altamente telemática, basada en el dinero telemático que propicia tener una cantidad grande y variada de impuestos directos o indirectos, que a su vez proporciona facilidad a los ingresos, a los consumos, y de tasas únicas. La fiscalidad automática provoca una reducción del gasto a la hora de calcular los impuestos y las tasas, y una menor manipulación de los porcentajes por parte de las administraciones de los propios Estados y para los contribuyentes comodidad.

Que sean viables socialmente: Además de la comodidad que proporciona la viabilidad administrativa, no menos importante es la viabilidad o aceptación social a la hora de introducir un impuesto.

En este caso los impuestos ambientales poseen cierta aceptación social que, en ocasiones, su aceptación puede verse disminuida si los agentes observan que el impuesto tiene una baja efectividad ambiental, o piensan que sus costes distributivos asociados son muy elevados; de hecho una de las principales razones para que exista oposición a la hora de crear un impuesto ambiental, es su falta de equidad, por lo que es fundamental tener en cuenta los efectos distributivos y en caso de que estos sean especialmente negativos; para ello habría que introducir algún mecanismo de compensación, de este modo, los sistemas fiscales serán más eficientes, reales y ajustados a las necesidades de los Estados y sus comunidades.

Como hemos visto, los objetivos de las políticas medioambientales en Europa pasan por reducir los malos hábitos y las actividades nocivas que las personas ejercen la sobre el medio ambiente y, en este sentido, no solo la fiscalidad es el instrumento único para alcanzarlos; otros instrumentos que deberían utilizarse y que están reflejados en los tratados constitutivos de la UE, serian el establecimiento de programas educativos sobre la población y el medio ambiente, logrando de este modo la eficiencia económico-ambiental. Esta eficiencia se podría obtener de la siguiente manera:

Incentivando actividades económicas y sostenibles. Por ejemplo, con el sector privado que debería comenzar a internalizar los costes ambientales que conllevan el desarrollo de sus respectivas actividades, para favorecer el desarrollo sostenible y sustentable. Así existen mercados para productos ecológicos, ecoturismo, investigación y desarrollo, etc. Una fórmula para incentivar actividades es la concesión de actividades de la administración a empresas privadas, para que sean estas las que las gestionen. Algunos ejemplos serían: contratar las labores de vigilancia de espacios protegidos, contratar empresas para descontaminar suelos, contratar empresas de recogida y reciclado de residuos, etc. De este modo, se favorece el medio ambiente o la economía verde. Por lo tanto, sostenibilidad y desarrollo económico y social deben estar unidos; el reto está en combinarlos adecuadamente.

Otra forma de obtener eficiencia, y alcanzar los objetivos en materia medioambiental previstos en su momento en el Tratado de Unión Europea (TUE), pasa por aplicar instrumentos de gestión con la creación de nuevos impuestos ambientales.

Concluyendo, y con independencia de las fórmulas por las cuales se pretendan alcanzar los objetivos medioambientales previstos en el TUE, y su eficiencia económica y ambiental, el futuro de Europa y la protección de su medio ambiente, pasa por establecer una «homogeneización fiscal», también en el ámbito ambiental, que, por sus propias características y naturaleza, debe convertirse en un instrumento fundamental para el comienzo de la renombrada Unión fiscal. Una unión fiscal que ha de producirse entre los Estados, usando todos y cada uno de los mecanismos políticos, económicos y legislativos existentes, unificando criterios en materia medioambiental, adaptándose a las características de sus territorios, un sistema fiscal ambiental que luche bajo el principio de: Quien contamina, debe de responsabilizarse de sus daños ambientales en su totalidad ya sean a nivel atmosférico, marítimo o terrestre y pagar por ello.

Por tanto, los tributos ambientales no deberían atentar contra el principio de capacidad contributiva, ni el resto de los principios constitucionales tributarios, aunque sí, deben atender básicamente al principio de justicia ecológica en el que está presente el principio de solidaridad materializado en el principio económico de «quien contamina, paga», principio legitimador de la tributación ambiental en Europa. Para ello, se deben sentar las bases creando impuestos ambientales europeos, incentivando a los Estados para que estos protejan sus espacios y con ello a los ciudadanos de sus territorios. Las consecuencias serán la reducción de las barreras a la puesta en marcha de dicha unidad, ya que puede limitar las diferencias en la competitividad de las naciones integrantes, mas sabiendo que los impuestos ambientales o ecológicos son muy positivos y beneficiosos, y pueden ser aplicados en muchos sectores susceptibles de ser regulados prácticamente por todos los niveles jurisdiccionales, y con posible origen de ingresos estables y considerables[3].

---

3. Se ha tomado como referencia el trabajo de Jiménez Vargas P. J., «Fiscalidad ambiental en España y su armonización europea. Environmental taxation in Spain and the European harmonization», BIB 2015\18385, **Revista Quincena Fiscal** num.1/2016.

II. LA BIODIVERSIDAD Y SU CONSIDERACIÓN A EFECTOS FISCALES

Las sociedades avanzadas modernas tienen cada vez una mayor sensibilidad hacia los riesgos y daños a los que se enfrenta el medioambiente, en particular debido a que gran parte de ellos son el resultado de la acción del ser humano. Las instituciones públicas empiezan a recibir una gran presión de la opinión pública para que sean ellas quienes lideren, mediante actuaciones legislativas y ejecutivas decididas, el establecimiento de estándares más rigurosos de cumplimiento medioambiental. Los principales instrumentos normativos de los que disponen los legisladores para tratar de conseguir una mayor protección medioambiental son las regulaciones, los incentivos, los instrumentos de mercado y los impuestos. Estos dos últimos instrumentos persiguen de un modo análogo el objetivo de «internalizar» unos costes ambientales que, de lo contrario, en su condición de «externalidades negativas», no quedarían incorporados en los costes empresariales ni en el precio de los bienes y servicios. En los últimos años, la utilización del instrumento fiscal (al igual que ocurre con el de mercado) ha ido ganando predicamento entre las organizaciones internacionales más relevantes. Así, por ejemplo, la OCDE ha resaltado las ventajas que aprecia en el establecimiento de impuestos medioambientales, ya que, a su juicio, cuando están adecuadamente diseñados resultan eficaces para internalizar costes ambientales y, con ello, fomentar el cambio tecnológico y de patrones de consumo hacia conductas menos dañosas para el medioambiente. Añade la OCDE que, frente a otros instrumentos (como las medidas regulatorias), los impuestos tienen la doble ventaja de, por un lado, aportar mayor flexibilidad, en cuanto que dan a empresas y consumidores mayor margen para optar por la forma que les resulte menos costosa para reducir el daño medioambiental; y por otro lado, favorecer la neutralidad legislativa, toda vez que las regulaciones restrictivas y los incentivos atribuyen a las autoridades un mayor poder de identificar qué operadores o sectores deben soportar los costes (o recibir los beneficios) de adaptar sus procesos para reducir el daño ambiental. En el caso de España, en los sucesivos informes y comunicaciones que han sido dirigidos a nuestro país por la propia OCDE y otros organismos internacionales (UE, FMI), siempre se ha advertido del escaso peso relativo (tanto en proporción al PIB como a la recaudación fiscal total) que tiene en nuestro sistema tributario la fiscalidad medioambiental. Estos informes se han emitido en el contexto de las muy evidentes deficiencias presupuestarias que hemos padecido desde hace más de una década, por lo que generalmente han puesto un mayor foco en ese supuesto potencial recaudatorio «no aprovechado», en lugar de hacerlo en la necesidad de corregir las deficiencias que presenta nuestro sistema de fiscalidad ambiental: impuestos con dudosa o nula finalidad ambiental, escasa orientación a la lucha contra el cambio climático (con impuestos, incluso, contraproducentes respecto de tal fin), fragmentación territorial, figuras que plantean dudas de inconstitucionalidad o inadecuación al Derecho de la UE, etc.

III. ¿QUÉ ES LA BIODIVERSIDAD?

«Biodiversidad» es un término acuñado en 1986 que viene de la combinación de las palabras «diversidad biológica». Esta es entendida como la variedad de vida que existe en nuestros ecosistemas.

Los bosques, los mares, los océanos, las montañas y cualquier escenario en donde las especies se desarrollan están llenos de vida. Aquí desarrollan sus vidas todo tipo de animales, insectos, anfibios, plantas y algunos otros microorganismos que no percibimos. Este conjunto de elementos que interactúa entre sí y que crea un delicado equilibrio ecológico se conoce como biodiversidad.

Por medio de la biodiversidad, el planeta brinda las condiciones necesarias para que se sustente la vida y, a su vez, se creen diversas formas de vida. Partiendo de este principio, las especies interactúan con el ecosistema que las rodea para desarrollar su existencia. Este proceso genera un ciclo sin fin en donde el crecimiento y la evolución natural es recíproco, y donde la vida genera, a su vez, más vida.

— La biodiversidad (o diversidad biológica) es la variedad de formas de vida que existen en la Tierra. Incluye:
— Diversidad de especies: la variedad de animales, plantas, hongos, bacterias y otros organismos.
— Diversidad genética: las diferencias genéticas dentro de una misma especie (por ejemplo, entre diferentes razas de perros o variedades de maíz).
— Diversidad de ecosistemas: los distintos hábitats que existen, como selvas, desiertos, océanos, ríos, etc.
— La biodiversidad es fundamental para el equilibrio del planeta, ya que:
— Mantiene el funcionamiento de los ecosistemas (como la polinización, el ciclo del agua o el control de plagas).
— Nos proporciona alimentos, medicinas, materiales y aire limpio.
— Contribuye a la estabilidad del clima y la calidad del suelo.

En resumen, la biodiversidad es la red de vida de la que todos dependemos. Protegerla es esencial para nuestra supervivencia y la del planeta.

En un trabajo cuyo título es el que presentamos, hay que hacer, si quiera brevemente una referencia al significado de los términos ambiente, medioambiental, elementos naturales o naturaleza y su incardinación en el derecho. Hemos de decir que la regulación del medioambiente es necesaria, por cuanto se trata de un recurso que, empieza a ser escaso debido principalmente a las actuaciones nocivas del ser humano que repercuten negativamente en la naturaleza y sobre el ecosistema, actuación cuyos efectos perniciosos para la naturaleza se han incrementado especialmente a partir de mediados del siglo XX y cuya protección corresponde a los poderes públicos que mediante la normación de este aspecto se encarga, entre otras finalidades, de preservarlo[4], normación que es evidentemente imprescindible[5].

Por tanto, biodiversidad es medio ambiente, es protección de los recursos naturales, preservación del hábitat natural; protección de los bosques, de los ríos, de las aguas. La pérdida de la biodiversidad implica la pérdida de la vida humana y su desaparición; por todo ello, conservarla es una necesidad. Y debemos poner todos los medios a nuestro alcance para evitar el deterioro de la biodiversidad.

Nos encontramos ante una realidad, el medio ambiente, que como bien ha manifestado DE ORO PULIDO LOPEZ[6], refiriéndose a las sentencias de 26 de junio de 1995 y 12 de diciembre de 2000 del Tribunal Constitucional, que «tiene un carácter metafóricamente «transversal» por incidir en otras materias, que tienen por objeto los elementos integrantes del medio —las aguas, la atmósfera, la fauna y la flora, los minerales— o ciertas actividades humanas sobre ellos —agricultura, minería, transporte y, en lo que ahora nos interesa, urbanismo— que, a su vez, generan agresiones al ambiente o riesgos potenciales para él».

Son muchas las ramas del ordenamiento jurídico a las que afecta la regulación del medio ambiente, a lo que ya hizo referencia VAQUERA GARCIA[7], entre ellas: el Derecho Civil, el Derecho Constitucional, el Derecho Penal, el Derecho Internacional Público, el Derecho Administrativo y el Derecho Financiero.

ALENZA GARCIA[8], hace referencia a la siguiente definición de Derecho ambiental: «es el subsistema jurídico que regula las actividades humanas de incidencia ambiental para preservar los sistemas naturales. No se regula el ambiente, sino las actividades humanas con incidencia o impacto ambiental significativo, de manera que la naturaleza sólo forma parte del contenido regulatorio del Derecho siempre y cuando se refieran o relacionen con la conducta humana». En consecuencia, la protección jurídica del medioambiente es necesaria, porque además

---

4. Véase ALENZA GARCIA, J. F. quien escribe al respecto: «El Derecho, en cuanto conjunto de normas y principios reguladores de la vida del hombre en la sociedad, asume la preocupación social por el deterioro ambiental y acoge la protección ambiental como un nuevo objeto de regulación. El Derecho, al ser la concreción histórica —y para un grupo determinado— de la justicia, no puede desoír las demandas sociales de defensa y protección del ambiente y se ve obligado a ofrecer respuesta jurídica a tales problemas. Pero sólo con la aparición de normas que tratan de salvaguardar el ambiente en su consideración de totalidad organizada que ofrece las condiciones que posibilitan la vida, presente y futura, del hombre sobre la tierra, nace el ordenamiento ambiental.» **Manual de Derecho ambiental**, Universidad Pública de Navarra, Pamplona, 2001, pág. 36.

5. Sobre la regulación del derecho tributario medioambiental véase la obra de HERRERA MOLINA, P. M., **Derecho Tributario Ambiental**, Marcial Pons, Madrid, 2000. En esta obra se desarrollan todos los aspectos que afectan al Derecho Tributario en relación con el medioambiente.

6. «La Jurisprudencia de la Sala Tercera del Tribunal Supremo sobre medio ambiente y urbanismo», en la obra colectiva, **La protección jurisdiccional del medio ambiente**, Escuela Judicial. Consejo General del Poder Judicial. Cuadernos de Derecho Judicial. Madrid, 2001, pág. 152.

7. **Fiscalidad y medio ambiente**, Lex Nova, Valladolid, 1999, pág. 41. Para un desarrollo mayor véanse las páginas 42 a 45 de la misma obra.

8. **Manual de Derecho ambiental**, ob. cit., pág. 39. Definición que realiza BETANCOR RODRÍGUEZ, A. en **Instituciones de Derecho Ambiental**, La Ley, Madrid, 2001.

la naturaleza también es necesaria para el desarrollo económico de la sociedad y de las personas que la integran. Pero esta regulación jurídica dista de ser sencilla, sino que se trata de una regulación con cierto entramado, hay que tener en cuenta que esta dificultad radica en el propio objeto regulado, por cuanto son muchos los sectores que integran el medioambiente (mar, ríos, aire, montes, campos, suelo, etc.), radicados en distintos territorios cuyas competencias corresponden a distintas Administraciones: local, estatal, autonómica y supranacional; y de cada una de estas Administraciones emanan normas reguladoras de este aspecto social, el medioambiente.

La Constitución Española, como norma fundamental, regula el derecho a disfrutar del medioambiente en el artículo 45, y lo configura como un bien que debe ser protegido, y los poderes públicos están obligados a velar y a intervenir para que se cumpla el contenido de este precepto, que se encuadra dentro de los principios rectores de la política social y económica[9]. Consideramos con HERRERA MOLINA[10] que el medio ambiente es «un bien jurídico constitucionalizado; es decir, como un valor que es objeto de protección por el ordenamiento jurídico en virtud de un grupo normativo encabezado por un precepto constitucional que informa la totalidad del ordenamiento jurídico, incluido el Derecho tributario».

En torno al contenido de la norma constitucional citada, DE ORO PULIDO LOPEZ[11] ha escrito que la función que atribuye el artículo 45 a los poderes públicos es doble, por un lado, protección y por otro lado, mejora del medioambiente; señalando además que la previsión que se contiene en el apartado 3º del artículo 45 es extraña, por superflua, por cuanto, a juicio del autor citado, lo que intenta reflejar la norma es preocupación por estos temas en el momento de aprobarse la Constitución. El mandato constitucional contenido en este precepto se hace efectivo mediante la aprobación de la Ley 4/1989, de 27 de marzo, de conservación de los Espacios Naturales que establece un régimen jurídico tendente a la protección, restauración y mejora de los recursos naturales[12].

No es de la misma opinión VAQUERA GARCIA[13] quien señala que junto al apartado 2 del artículo 45 el apartado 3 son los aspectos más relevantes del precepto, por cuanto «establecen la obligación, a cargo de los poderes públicos, de establecer las medidas necesarias para proteger el entorno natural y la responsabilidad de los sujetos que causen daños al medio ambiente, traduciéndose en una necesaria reparación de naturaleza jurídica, exigible por los propios poderes públicos. Con este fin, se permite a los órganos competentes una vía de

---

9. Sobre la regulación constitucional del medioambiente, véase HERRERA MOLINA, P. M., **Derecho tributario ambiental**, ob. cit., págs. 23 a 36.

10. **Derecho tributario ambiental**, ob. cit., pág. 23.

11. «La Jurisprudencia de la Sala Tercera del Tribunal Supremo sobre medio ambiente y urbanismo», en la obra colectiva, **La protección jurisdiccional del medio ambiente**, Escuela Judicial. Consejo General del Poder Judicial. Cuadernos de Derecho Judicial. Madrid, 2001, págs. 149 y 150.

12. DE ORO PULIDO LOPEZ, M., «La Jurisprudencia de la Sala Tercera del Tribunal Supremo sobre medio ambiente y urbanismo», ob. cit., pág. 151.

13. **Fiscalidad y medio ambiente**, Lex Nova, Valladolid, 1999, pág. 40.

actuación de cara a influir en los afectados por la normativa ambiental y entre las opciones posibles cabrían los instrumentos fiscales; no obstante, debemos adelantar en este momento, que si estos recaen sobre hechos imponibles que constituyan un ilícito —como puede ocurrir en el caso de transgresiones a las disposiciones ecológicas—, ello conduciría a su exclusión del ámbito tributario».

Y dentro de estas normas que regulan la actuación de los humanos para que incidan lo menos perjudicialmente posible sobre la naturaleza, se encuentran las normas tributarias. Esto significa que podemos referirnos sin ningún género de dudas a un grupo normativo que podemos calificar como Derecho tributario ambiental.

En cuanto a la contribución del Derecho Tributario al mantenimiento del medio ambiente y a hacer efectivo el contenido del artículo 45 de la Constitución Española, coincidimos con BOKOBO MOICHE[14], quien pone de relieve que: «El gravamen es apropiado para devolver, a través de un tributo ambiental, los gastos y daños causados al medio ambiente, y, por tanto, para reprivatizar la carga soportada por el Estado. Asimismo, la exigencia de gravámenes ambientales puede ser económicamente eficiente si los perjuicios ambientales se reducen o, por lo menos, pueden ser minorados, allí donde es posible que los individuos consigan costes más favorables.» No obstante, la autora citada[15] señala a continuación que «el tributo es sólo parcialmente apropiado para difundir entre los particulares, conductas favorables al medio ambiente y conseguir que se realicen. Ello es así fundamentalmente por dos razones: (1) Si el tipo establecido es demasiado bajo se paga el tributo en lugar de disminuir el perjuicio medioambiental; (2) La recaudación de los tributos unida a la posible elevación de la tarifa hace que la protección medioambiental sea incómoda para el Estado, debido a que ello puede llevar aparejada la falta de competitividad de las empresas».

Pero el problema ambiental debe ser resuelto desde la integración de todas las normas al efecto, independientemente del grupo normativo al que estas pertenezcan. Con esto queremos decir, que únicamente el Derecho Tributario medioambiental no resolverá el problema social existente, sino que debe realizarse una labor de conjunto por los distintos grupos normativo y por las distintas sedes de las que provienen las distintas normas reguladoras de este aspecto social.

La regulación de la preservación del medio debe ir por delante de la producción del perjuicio en la naturaleza, porque de poco sirve esta regulación si el perjuicio causado sobre el medioambiente ya es irreparable.

Desde una perspectiva internacional, cabe resaltar el concepto de medio ambiente recogido en la Conferencia de las Naciones Unidas sobre el Medio

---

14. «Tributación ambiental. Una respuesta a las necesidades económicas de los municipios turísticos», en la obra colectiva **III Congreso Universidad y Empresas. Municipios turísticos. Tributación y contratación empresarial. Formación y Gestión del capital humano**, Tirant lo blanch, Valencia, 2000, pág. 284.

15. BOKOBO MOICHE, S., «Tributación ambiental. Una respuesta a las necesidades económicas de los municipios turísticos», ob. cit., pág. 284.

Humano, aprobada en Estocolmo el 15 de junio de 1972, que establece la convicción común de que «los recursos naturales de la Tierra, incluidos el aire, el agua, la tierra, la flora y la fauna y, especialmente, las muestras representativas de los ecosistemas naturales, deben preservarse en beneficio de las generaciones presentes y futuras, mediante una cuidadosa planificación u ordenación». En cuanto a la normativa comunitaria, destaca la definición recogida por la Directiva del Consejo 79/831/C.E.E., sobre clasificación, envasado y etiquetado de sustancias peligrosas en su artículo 2.1.c, establece la siguiente definición de ambiente a los efectos de la Directiva: «el agua, el aire y el suelo, así como las relaciones mutuas entre estos elementos, por una parte, y con cualquier organismo vivo por otro». A nivel nacional, cabe destacar la Sentencia del Tribunal Constitucional 102/1995, de 26 de junio, que es la primera que da un concepto completo del medio ambiente, en el marco de la distribución de competencias entre el Estado, las Comunidades Autónomas y las Corporaciones Locales. En particular, señala que el medio ambiente comprende los recursos naturales, aire, agua, suelo, subsuelo, flora y fauna, a los que se suma el paisaje y los elementos que componen el Patrimonio Histórico-Artístico, así como la interrelación entre todos ellos.

IV. MEDIDAS LEGISLATIVAS TRIBUTARIAS

Dentro de las medidas globales para luchar contra el cambio climático, y, favorecer la biodiversidad, se encuentran indudablemente las medidas legislativas tributarias. La mayoría de los organismos internacionales en este campo aconsejan la creación de impuestos verdes y tasas por emisiones de gases de efecto invernadero.

Es muy clara la reflexión que realiza CÉSAR GARCÍA[16] en el Libro Blanco para reforma del sistema tributario (2022), donde indica que «Muchos de los llamados impuestos ambientales introducidos en nuestro ordenamiento en las últimas tres décadas han estado vinculados a la búsqueda por parte de las comunidades autónomas (CC. AA.) de espacios de competencia normativa que permitiesen a dichas CC. AA. crear tributos propios escapando de las restricciones contempladas en la Ley Orgánica de Financiación de las Comunidades Autónomas (LOFCA). Esto ha provocado una dispersión normativa sin precedentes, y ha sido una de las principales fuentes de conflictividad tributaria y de inseguridad jurídica, puesto que la creación por una determinada comunidad autónoma de un determinado «impuesto ambiental» ha provocado normalmente un «efecto anuncio», y la consiguiente réplica del impuesto en otros territorios, en paralelo al inicio de litigios, a veces entre el Estado y la C. A. respectiva, otras veces con las empresas afectadas, que, en ocasiones, han podido dilatarse durante varios

---

16. «Sugerencias por considerar ante una reforma de la fiscalidad ambiental», **LIBRO BLANCO para la reforma fiscal en España Una reflexión de 60 expertos para el diseño de un sistema fiscal competitivo y eficiente**, Instituto de Estudios Económicos, 2022, pág. 418.

lustros, cuando no décadas. Es urgente, por ello, que la fiscalidad ambiental sea tratada bajo un prisma único, en el que se conjugue la voluntad de las diferentes Administraciones (estatal, autonómica y local) de forma tal que exista una aproximación conjunta al fenómeno de la fiscalidad ambiental.»

Siguiendo con el análisis de la normativa tributaria para proteger el medio ambiente, tal y como ha expuesto MENÉNDEZ MORENO[17]: «En sede de la Unión Europea se han aprobado diversas Directivas, siendo de carácter general la 2009/28/CE del Parlamento Europeo y del Consejo, de 23 de abril de 2009, relativa al fomento del uso de la energía procedente de fuentes renovables. Existen otras normas con contenido más específico, así no tenemos la Directiva 2003/96/CE del Consejo, de 27 de octubre de 2003, por la que se reestructura el régimen comunitario de imposición de los productos energéticos y de la electricidad; la 2008/118/CE del Consejo, de 16 de diciembre de 2008, relativa al régimen general de los Impuestos Especiales. E incluso el Reglamento (CE) número 800/2008 de la Comisión Europea ha definido los tributos medioambientales como aquellos cuya «base *imponible específica produce manifiestamente efectos negativos en el medio ambiente o se destina a gravar determinados bienes, servicios o actividades, de tal forma que los costos medioambientales se incorporen a su precio o de forma que los productores y consumidores se inclinen por actividades más respetuosas con el medio ambiente*». Sin entrar en mayores consideraciones, sí parece adecuado significar que, para esta descripción, los requisitos que conforman la noción de tributo medioambiental —que habrán de contrastarse después con los recogidos en nuestro ordenamiento— lo cumplen aquellos que gravan «*efectos manifiestamente negativos en el medio ambiente*»; o en su caso, los que recaigan sobre los bienes, servicios o actividades e incorporen los costes medioambientales generados para, con ello, impeler a productores y consumidores a realizar actividades o consumos más respetuosos con el medio ambiente. Y después de la descripción del trascrito precepto reglamentario, la Directiva 2010/75/CE del Parlamento Europeo y del Consejo, de 24 de noviembre de 2010, formulaba esta definición de lo que debe entenderse por contaminación: «*Aquella introducción directa o indirecta, mediante la actividad humana, de sustancias, vibraciones, calor o ruido en la atmósfera, el agua o el suelo, que puedan tener efectos perjudiciales para la salud humana o la calidad del medio ambiente, o que puedan causar daños a los bienes materiales o deteriorar o perjudicar el disfrute u otras utilizaciones legítimas del medio ambiente*». También hay que citar el programa de acción de la UE del año 2013: «*Vivir bien, respectando los límites de nuestro planeta*»; así como la Comunicación de la Comisión de 2017, sobre la: «*Revisión de la aplicación de la normativa medioambiental de la UE: problemas comunes y cómo combinar esfuerzos para obtener mejores resultados*».

---

17. Vamos a seguir su trabajo para realización de este epígrafe, puesto que expone una visión completa de la situación que queremos describir, «Nuestra fiscalidad medioambiental a vista de pájaro». **Revista Quincena Fiscal** num.19/2019 BIB 2019\9136, Aranzadi.

Desde el punto de vista del legislador español, podemos encontrar en nuestro ordenamiento jurídico diferentes normas que apuestan claramente por estos mecanismos o instrumentos pactados para lograr acompasar la actividad económica y social con una adecuada protección o tutela medioambiental. Los principios y mandatos de nuestra Constitución y de las instancias europeas deberían estar presentes en la fiscalidad medioambiental española.

En lo que afecta al sector empresarial, la Ley 27/2014, de 27 de noviembre, del Impuesto sobre Sociedades (LIS), cuyo apartado 6 de su artículo 29 contempla un tipo de gravamen incrementado del 30% (como se recordará el tipo general de este Impuesto es del 25%, según el artículo 25.1 LIS) para los contribuyentes cuya actividad económica es la «*exploración, investigación y explotación de yacimientos y almacenamientos subterráneos de hidrocarburos establecidos en la* Ley 34/1998, de 7 de octubre, *del sector de hidrocarburos*».

También en el ámbito de la empresa tenemos el gravamen previsto en la Ley 8/2015, de 21 de mayo, de Medidas en relación con la Exploración, Investigación y Explotación de Hidrocarburos, en cuyo artículo 9 se describe la naturaleza del denominado Impuesto sobre el Valor de la Extracción de Gas, Petróleo y Condensados en los siguientes términos: «*... es un tributo directo y naturaleza real que grava el valor de los productos de dominio público gas, petróleo y condensados extraídos en el ámbito de aplicación del impuesto, una vez realizado el primer tratamiento de depuración y separación de los mismos*». Es, pues, una sobreimposición, también de naturaleza directa —según el texto trascrito—, para este mismo sector empresarial, cuyo fundamento, al menos «nominal», es la consecución de una finalidad ecológica. Sin embargo, ni para lo recaudado por este Impuesto, ni para lo obtenido por el incremento del tipo de gravamen del IS, antes indicado, se prevé la oportuna afectación a algún gasto con el que corregir o paliar los daños medioambientales (daños cuyos efectos negativos tampoco se miden, dándose por hecho que son manifiestos) producidos por los destinatarios de ambas normas fiscales. Su afectación constituiría un síntoma inequívoco (y podría ser también, por qué no, una condición inexcusable de todos los tributos calificados de medioambientales), de la «sincera» vocación de protección ecológica de cualquier carga fiscal con este fin[18].

Otros impuestos estatales, calificados asimismo de directos, son los contemplados en la Ley 15/2012, de 27 de diciembre, de Medidas Fiscales para la Sostenibilidad Energética. Son concretamente estos impuestos, los siguientes: el Impuesto sobre el Valor de la Producción de la Energía Eléctrica, que regulan sus artículos 1 a 11; el Impuesto sobre la Producción de Combustible Nuclear Gastado (artículos 12 a 17 quater) y Residuos Radiactivos Resultantes de la Generación de Energía Eléctrica (artículos 12 a 14 y 18 a 18 quater); y el Impuesto sobre el Almacenamiento de Combustible Nuclear Gastado y Residuos Radiactivos en Instalaciones Centralizadas (artículos 19 a 27). Además, el artículo 29 de la misma Ley de Medidas Fiscales para la Sostenibilidad

---

18. MENÉNDEZ MORENO, A., «Nuestra fiscalidad medioambiental a vista de pájaro». **Revista Quincena Fiscal** num.19/2019 BIB 2019\9136, Aranzadi.

energética añadió el artículo 112 bis al texto refundido de la Ley de Aguas, aprobado por el Real Decreto Legislativo 1/2001, de 20 de julio, en el que se establece el Canon por la utilización de las aguas continentales para la producción de energía eléctrica.

También encontramos referencias a la fiscalidad medioambiental en los impuestos indirectos, especialmente en los Impuestos Especiales, regulados en Ley 38/1992, de 28 de diciembre, que son compatibles con lo gravado en el IVA. Responden a esta naturaleza el Impuesto sobre Hidrocarburos (Capítulo VII del Título I), el Impuesto sobre Determinados Medios de Transporte (Título II), el Impuesto Especial sobre el Carbón (Capítulo I del Título III) y el Impuesto Especial sobre la Electricidad (Capítulo II del Título III).

Respecto al Impuesto sobre Hidrocarburos, la Propuesta de Directiva del Consejo 2011/0092, que modifica la Directiva 2003/96/CE, de 13 de abril, se refería a que sus tipos impositivos diferencian los distintos productos gravados, pero no se tiene en cuenta su impacto medioambiental, por lo que proponía, sin que prosperara su propuesta, que se estableciera un tipo específico ligado a las emisiones de CO_2. El Impuesto sobre Determinados Medios de Transporte sí distingue en su articulación los efectos contaminantes de los vehículos, que han supuesto una disminución de su capacidad recaudatoria (recientemente recuperada en parte con el incremento en las ventas de los vehículos de gasolina, por las dudas sobre el futuro de los diésel), si bien es cierto que los más ecológicos son, a la vez, los vehículos más nuevos y más caros, lo que suscita la fundada posibilidad de contravención de las exigencias del principio de capacidad económica. En cuanto al Impuesto Especial sobre el Carbón, su estructura sí parece fiel a su finalidad medioambiental, al establecer como referencia de su carga impositiva el valor energético del carbón, pero cuyo mayor (e irremediable) inconveniente es que desincentiva aún más su producción en las socialmente muy castigadas regiones mineras de España. El Impuesto Especial sobre la Electricidad se cuantifica con remisión a lo previsto en el IVA, por lo que el dato más relevante es «*el importe total de la contraprestación*» (artículo 78.Uno LIVA), que no distingue la procedencia, más o menos ecológica, de la fuente generadora de la electricidad; además de contemplar la importante reducción del 85% de la base en favor de los grandes consumidores industriales, lo que responde al razonable deseo de supervivencia económica de estos productores, pero ignora flagrantemente su pretendida finalidad medioambiental. Por último —aunque no es en sentido estricto un Impuesto Especial—, debe darse cuenta, entre la relación de impuestos indirectos estatales que declaran obedecer al cumplimiento de un fin ecológico, del Impuesto sobre los Gases Fluorados de Efecto Invernadero, regulado en la Ley 16/2013, de 29 de octubre, tal y como se plasma expresamente en su artículo 5.Uno, que lo describe como «*un tributo de naturaleza indirecta que recae sobre el consumo de aquellos productos comprendidos en su ámbito objetivo y grava, en fase única, el consumo de estos productos atendiendo al potencial de calentamiento atmosférico*»; y que además configura las tarifas, en el apartado once del mismo artículo 5, en función del «*potencial de calentamiento atmosférico*», en lo que debe interpretarse como una señal de coherencia con su fin medioambiental[19].

Aunque no todos de igual manera, la configuración de los impuestos indirectos estatales a que se acaba de hacer referencia deja también serias dudas sobre la coherencia de su regulación con la finalidad de protección ecológica, con que se pretende justificar su establecimiento. En muchos de ellos, en efecto, su propia regulación olvida tal finalidad, de manera que su cuantificación no toma en consideración los efectos contaminantes de los productos gravados. En otros casos, esa regulación, más respetuosa con el fin medioambiental, pone en cuestión las exigencias del principio constitucional tributario de referencia como es el de capacidad económica. Y, por último, tampoco aparecen en su regulación referencias explícitas a la afectación de lo recaudado por ellos, que estaría dirigida a paliar el pernicioso efecto medioambiental con que se pretende justificar su propia existencia; como tampoco se recogen estimaciones (a veces ni siquiera alusiones) a esos dañinos efectos, y aún menos a la reconducción de la producción o el consumo de los productos gravados por otros más respetuosos con la preservación de la naturaleza[20].

En cuanto recogidos en una ley del Estado y presentes en la mayor parte de su territorio, pueden considerarse estatales los impuestos regulados en el Real Decreto Legislativo 2/2004, de 5 de marzo, por el que se aprueba el texto refundido de la Ley reguladora de las Haciendas Locales (TRLHL), norma que contempla también algunas medidas dirigidas a la citada protección medioambiental, de las que sintéticamente se va a dar cuenta. Su artículo 74.5 prevé la posibilidad de una bonificación potestativa del 50% en el Impuesto sobre Bienes Inmuebles en favor de quienes tengan «*instalado sistemas de aprovechamiento térmico o eléctrico de la energía proveniente del sol*». Similar bonificación se prevé en el artículo 88. 2.c) del TRLHL en relación con el Impuesto sobre Actividades Económicas, incluyendo además entre las actuaciones fiscalmente incentivadas las que se plasmen en un plan de transporte eficiente para los trabajadores de las empresas. El artículo 95 del TRLHL, que establece las tarifas del Impuesto sobre Vehículos de Tracción Mecánica, contempla una notable reducción (de hasta el 75%) en función de la energía motriz empleada y de otras características de los motores; supuestos que, como sucedía con la regulación del Impuesto sobre Determinados Medios de Transporte, generan, sobre todo, las dudas de si los beneficiarios de estas reducciones son quienes, por tener una posición económica más desahogada, pueden cambiar sus vehículos por otros nuevos; dudas predicables de los dos impuestos locales antes menciona-

---

19. Véase Menéndez Moreno, A., «Nuestra fiscalidad medioambiental a vista de pájaro». **Revista Quincena Fiscal** num.19/2019 BIB 2019\9136, Aranzadi.

20. Véase el trabajo de Menéndez Moreno, A., que nos ha servido de referencia para la realización de este epígrafe, «Nuestra fiscalidad medioambiental a vista de pájaro». **Revista Quincena Fiscal** num.19/2019 BIB 2019\9136, Aranzadi.

dos, en cuanto que las inversiones bonificadas requieren necesariamente la suficiente disponibilidad económica del inversor[21].

No obstante, es conveniente traer aquí las palabras de GONZÁLEZ-GAGGERO PRIETO-CARREÑO[22] en el Libro Blanco para la reforma del Sistema Tributario (2022):

> «Frecuentemente nos encontramos con que el legislador introduce impuestos medioambientales en respuesta a actividades que ya están sometidas a regulaciones ambientales muy estrictas. En ocasiones, esta superposición de regulación e impuesto está justificada porque responde a una lógica de complementariedad. Así, puede ocurrir que, por ejemplo, la regulación medioambiental establezca la prohibición de emitir gases contaminantes (SOx, NOx, partículas, etc.) por encima de un determinado límite máximo, al tiempo que un impuesto grava las emisiones producidas, con independencia de que se encuentren por debajo de dicho límite máximo. Con ello se consigue internalizar los costes ambientales de dichas emisiones (con arreglo al principio de que «quien contamina, paga»), pero también se impide que se alcance una presencia de gases en la atmósfera que resulte inaceptable desde el punto de la protección del medioambiente y de la salud de los ciudadanos. De haber únicamente restricción cuantitativa y no impuesto, los operadores solo se verían empujados a invertir en tecnologías de reducción de emisiones hasta el punto estrictamente necesario para no exceder el umbral máximo de emisión; el impuesto, por el contrario, mantiene el incentivo a la mejora tecnológica continua, ya que esta se ve «premiada» con una menor base imponible sujeta a gravamen. De igual modo, puede ocurrir que la introducción del impuesto venga impulsada por el hecho de que una regulación preexistente no está resultando lo suficientemente efectiva. Así ha sucedido, por ejemplo, con el impuesto de gases fluorados de efecto invernadero, que ha conseguido reducir, en alguna medida, las deficiencias de gestión existentes anteriormente en relación con este tipo de gases de alto potencial de calentamiento. En ello ha tenido mucho que ver el hecho de que el cumplimiento normativo haya pasado a ser objeto de control por la Agencia Tributaria, que cuenta con recursos humanos y tecnológicos superiores a los de la autoridad medioambiental competente. En otros casos, sin embargo, no se entienden bien las razones que justifican la superposición de un impuesto en un área en la que ya existe una regulación restrictiva que ya resulta efectiva. A nuestro juicio, es lo que ocurre con el nuevo impuesto a los envases plásticos de un solo uso que ha sido incluido en el Proyecto de nueva Ley de residuos y suelos contaminados. Aparte de suponer un coste fiscal añadido, el impuesto proyectado es extraordinariamente exigente para las compañías en términos de cumplimiento formal, y obligará a la adaptación de sus sistemas de gestión interna (para poder extraer el peso del plástico no reciclado de cada

---

21. MENÉNDEZ MORENO, A., «Nuestra fiscalidad medioambiental a vista de pájaro». **Revista Quincena Fiscal** num.19/2019 BIB 2019\9136, Aranzadi.

22. ¿Es posible aunar protección medioambiental y competitividad empresarial? Reflexiones ante la reforma de la fiscalidad medioambiental, pág. 424. **LIBRO BLANCO para la reforma fiscal en España Una reflexión de 60 expertos para el diseño de un sistema fiscal competitivo y eficiente** Instituto de Estudios Económicos, Madrid, 2022.

envase fabricado o introducido en España), de facturación (para desglosar en factura el peso del plástico incluido en los productos vendidos), contables, etc. Y ello viene a establecerse en un ámbito en el que la regulación derivada de la futura Ley de residuos y de la ya vigente Directiva 2019/904, debería ser suficiente para conseguir una reducción significativa del impacto de los plásticos de un solo uso en el medioambiente.»

Capítulo segundo

Los territorios despoblados, incidencia de la despoblación en la biodiversidad y cómo se puede favorecer la repoblación con medidas tributarias

I. LA ESPAÑA VACIADA, NECESIDAD DE PROTEGER LA POBLACIÓN COMO MEDIO PARA PRESERVAR LA BIODIVERSIDAD. SITUACIÓN ACTUAL DE LA ESPAÑA RURAL VACIADA

Tratar la fiscalidad de la España vaciada en una obra como la que nos ocupa, tiene todo el sentido desde la perspectiva de la necesidad de ocupar los territorios para evitar la desertización; evitar la desprotección de los bosques, de los territorios; porque de manera directa estas situaciones afectan de manera negativa a la biodiversidad. La despoblación y la biodiversidad están estrechamente relacionadas, aunque sus efectos pueden ser positivos o negativos dependiendo del contexto. Nosotros consideramos que la necesidad de fijar población en los territorios contribuye al sostenimiento del ecosistema, porque el abandono de la tierra destruye el ecosistema.

Antes de tratar en los siguientes epígrafes las medidas fiscales en el IRPF para paliar la despoblación de los territorios, vamos a dedicar este epígrafe al planteamiento de la situación actual de la denominada como España vaciada.

La despoblación del medio rural es una de las realidades más severas de las que confluyen en este marco de regresión demográfica nacional, pero con peculiaridades estructurales que deben ser tenidas en cuenta. La causa principal del

33

problema de despoblación de la mayoría de las provincias y zonas rurales radica, sin duda, en las menores oportunidades económicas en ellas frente a otros sitios de España o el extranjero. Pero una parte no mínima del problema deriva de la bajísima natalidad y mayor grado de envejecimiento de las tierras que sufren este fenómeno.

El vaciamiento de la mayor parte del territorio español, además de provocar un grave problema de desequilibrio socio territorial, compromete también las cuentas públicas —encarecimiento de los costes de prestación de servicios públicos y sostenimiento de infraestructuras—, y supone una pérdida de potenciales activos de riqueza por el desaprovechamiento de recursos endógenos.

Además, la despoblación genera daño al medio ambiente, porque el ecosistema se destruye, y si no hay ecosistema desaparece la biodiversidad; y esto afecta de forma directa a las finanzas del país.

Como se ha indicado en el Documento elaborado por la Comisión de Despoblación de la Federación Española de Municipios y Provincias, «El Estado de las autonomías no ha supuesto una ruptura con el modelo territorial español de concentración de población en el centro y el eje mediterráneo, ni con la polarización rural-urbana, ni ha generado modelos territoriales nuevos capaces de fortalecer la capacidad de fijar y atraer población de los núcleos intermedios prestadores de servicios de ámbito comarcal, a partir de la activación económica de las potencialidades de sus territorios. Hoy los riesgos demográficos se acumulan en función de la ruralidad de las provincias y comarcas, y de su exposición al efecto de atracción y concentración de las capitales de provincia, de comunidad y a las áreas metropolitanas».

La España rural se desangra demográficamente a un ritmo medio de cinco habitantes menos cada hora. Esa es la dramática radiografía que arrojan los datos del Instituto Nacional de Estadística y que colocan a 14 de las 50 provincias españolas en situación crítica, con el 80% de sus municipios en grave riesgo de extinción.

El problema, agravado exponencialmente por el envejecimiento progresivo de las zonas rurales, no es nuevo, aunque las soluciones, a golpe de gasto público, lejos de arrojar un rayo de esperanza no permiten ser demasiado optimistas ante el futuro.

Convertir el círculo vicioso de la despoblación en un círculo virtuoso en el que las áreas rurales puedan poner en valor su ventaja competitiva y convertirse en foco de creación de riqueza —no exclusivamente con la actividad agrícola sino también con las oportunidades que da Internet o la oferta de ocio que ofrece el turismo rural—, un modelo productivo que se apoye en tres pilares: infraestructura digital, reforma fiscal y educación. Sin olvidar el pilar más importante que es la generación de empleo.

Vamos a tratar cómo se puede combatir la despoblación de las zonas rurales estableciendo medidas fiscales que supongan un incentivo en la generación de tejido productivo, en los impuestos directos estatales que gravan la renta; por un lado, la renta de las personas físicas, y, por otro lado, la renta de las sociedades. Dedicándonos especialmente al IRPF, por tratarse de un impuesto que afecta a mayor número de personas; sin olvidar, por supuesto, que lo importante es la generación de riqueza en este tipo de territorios, es decir, que lo verdaderamente necesario para estos territorios es el establecimiento de industrias, de cualquier tipo, aún a sabiendas de que las industrias que más riqueza generan son las industrias pesadas, que son las que no quieren los propios ciudadanos y las asociaciones ecologistas; porque no podemos perder de vista que no podemos sustituir el progreso de los pueblos por la protección de la naturaleza, debemos conseguir, con las herramientas necesarias que convivan ambas situaciones, esto es, la protección al medio ambiente y por otro lado, el necesario progreso de los pueblos para que sus habitantes puedan progresar y no se vean obligados a emigrar a territorios poblados, pero que sí les ofrecen oportunidades.

También pueden llegar a ser de gran relevancia las medidas fiscales que se puedan establecer en el Impuesto sobre Sociedades, para así incentivar a las empresas.

La imposición sobre la renta afecta tanto a las empresas como a las personas físicas, ambas tanto las personas físicas como las jurídicas son elementos indispensables para el desarrollo de una población.

Como veremos, la que llamaremos la «España despoblada» no es un todo uniforme, ni en el tipo de problemas que se afrontan, ni en la gravedad de los mismos.

1. Hay un grupo de provincias especialmente afectadas por la despoblación y el declive demográfico, con una pirámide poblacional envejecida y cuyo ritmo de crecimiento está claramente por debajo de la media del país, aunque sus indicadores de renta por habitante o de tasa de paro —comparativamente positivos— puedan encubrir el deterioro de sus condiciones de progreso económico: es la España despoblada que decrece.

2. También hay, en la España despoblada, provincias que aún cuentan con una buena dotación de población joven y que no han sufrido con tanta intensidad la pérdida de empleos y de capital humano. Por el contrario, se trata de provincias con un peso considerable de la agricultura y escaso nivel industrial, con elevadas tasas de paro y renta per cápita muy por debajo de la media española: es la España despoblada que se estanca.

3. Finalmente, un tercer grupo de provincias muestra, ya desde hace unos años, unos indicadores en clara mejoría, con elevado peso de la industria, bajas tasas de desempleo y un aceptable crecimiento económico, con capitales dinámicas que están ayudando a recuperar el resto del territorio: es la España despoblada que remonta. Caracterizar adecuadamente la geografía de la despoblación en España es, por tanto, necesario para realizar un buen diagnóstico de los problemas y diseñar un marco acertado de propuestas en línea con los objetivos de cohesión territorial.

En términos europeos, por tanto, España sí es un país poco poblado. Si se compara su densidad de población con la de otros grandes países de Europa, los 93 habitantes/km2 de España están lejos de los 119 de Francia, los 206 de Italia, los 240 de Alemania o los 279 de Reino Unido. Las diferencias son aún mayores con otros países más pequeños, como Bélgica (381) o Países Bajos (507), y también son importantes con relación a Dinamarca (136), Polonia (124) o Portugal (112). En cambio, sí se supera a Grecia (81) y, por supuesto, a los países que forman la península escandinava: Suecia (24), Finlandia (18) y Noruega (15). En realidad, estas diferencias no son recientes; la densidad de población de España siempre estuvo por debajo de la mayoría de los países europeos. «El caso español es un caso anómalo, cuya adecuada comprensión exige remontarse mucho más atrás», dejó escrito hace tiempo Jordi Nadal (1975), reconociendo que el poblamiento del país a comienzos del siglo XVIII era muy inferior a las posibilidades del territorio. A la altura de 1700, España todavía no había alcanzado los 20 habitantes/km2, cifra que era más del doble en Reino Unido, Alemania, Italia y Francia y más del triple en Bélgica y Países Bajos. La distancia con estos países aún siguió aumentando —excepto con Francia— hasta comienzos del siglo XX. En suma, el reducido poblamiento del territorio español no es un fenómeno nuevo, de modo que no ha de sorprender que los territorios menos poblados de España hayan estado casi siempre entre los menos poblados de Europa.

II. ¿SIRVEN LAS MEDIDAS FISCALES PARA INCENTIVAR A LA POBLACIÓN A TRASLADAR SU RESIDENCIA A UN TERRITORIO DESPOBLADO?

Dentro de los fines de los tributos, como por todos es conocido, se encuentran los fines no recaudatorios; es decir, la utilización de los tributos como medios para llevar a cabo una política económica.

La actual LGT de 2003 reconoce la extrafiscalidad de los tributos al disponer que los tributos «además de ser medios para obtener los recursos necesarios para el sostenimiento de los gastos públicos, podrán servir como instrumentos de la política económica general y atender a la realización de los principios y fines contenidos en la Constitución» (artículo 2.1).

Debemos entender este precepto en el sentido de utilizar el sistema impositivo para incentivar a la población a trasladar su residencia habitual a un territorio que no le va a ofrecer las mismas condiciones económicas que un territorio en el que el ciudadano tiene todo tipo de ofertas tanto económicas como de ocio. De esta forma, se puede hacer uso de la fiscalidad para incentivar a las empresas a establecerse en medios rurales despoblados y a contratar trabajadores residentes en esos lugares, o bien desplazar a trabajadores a zonas despobladas para fijar y asentar población en entornos rurales.

III. REGULACIÓN DE MEDIDAS FISCALES PARA COMBATIR LA DESPOBLACIÓN EN LA NORMATIVA DEL IRPF

Veamos cuáles son las medidas que contiene el IRPF para aplicar a contribuyentes cuya residencia fiscal se encuentre en la España despoblada.

En lo que se refiere al IRPF, su régimen jurídico es la Ley 35/2006, modificada por la ley 26/2014, y el Real Decreto Ley 27/2018 y el Reglamento del Impuesto de 2007 cuya última modificación es de 2018.

Se trata como por todos es sabido, de un impuesto cuya recaudación es compartida entre el Estado y las CCAA y además las CCAA tienen capacidad normativa otorgada por la ley, actualmente es la Ley 22/2009, de 18 de diciembre, por la que se regula el sistema de financiación de las Comunidades Autónomas de Régimen Común.

En primer lugar, hay que indicar que la legislación aplicable no contiene ninguna norma expresa que de alguna forma favorezca al establecimiento de personas físicas en los territorios con despoblación.

La estrategia estatal para favorecer la afluencia de población en las zonas despobladas puede venir desde distintas vías, una de ellas es mediante el establecimiento de medidas fiscales desde la imposición sobre la renta. Las medidas fiscales son las se pueden arbitrar a través de bonificación fiscal como pueden ser reducciones o deducciones fiscales.

Los incentivos fiscales en el IRPF recaen sobre situaciones que cumplen con los puntos de conexión de la Ley 22/2009, de 18 de diciembre, por la que se regula el sistema de financiación de las Comunidades Autónomas de régimen común y Ciudades con Estatuto de Autonomía y se modifican determinadas normas tributarias, como es, esencialmente, el de la residencia habitual.

En las medidas que se pueden establecer, la residencia no actúa como un elemento de discriminación entre residentes en zonas rurales y los no residentes en dichas zonas, sino como el principal parámetro de una política fiscal diferenciada dirigida a garantizar el principio constitucional de igualdad material de los individuos.

III.1. Residencia habitual, su determinación a efectos del IRPF. Contribuyentes que tienen su residencia habitual en territorio español. Criterios legales para su determinación

La determinación de la residencia habitual como punto de conexión es este asunto es de gran relevancia, a efectos de aplicar, en su caso, los beneficios fiscales.

La Constitución española reconoce en el artículo 19 el derecho fundamental de las personas de nacionalidad española «a elegir libremente su residencia y a circular por el territorio nacional». Los ciudadanos tienen plena libertad para elegir y trasladar su residencia, también por imperativo de los artículos 21 y 45 del Tratado de Funcionamiento de la Unión Europea donde se reconoce la libre circulación de personas dentro del mercado interior.

Las razones personales para que se lleven a cabo cambios de residencia pueden obedecer a múltiples circunstancias y, entre ellas, se pueden encontrar los motivos de planificación fiscal, máxime en un Estado de estructura descentralizada con multitud de normativas que acrecientan la diversidad del sistema tributario español (artículo 133.2 de la Constitución Española).

El artículo 157.1 de la Constitución prevé la cesión total o parcial de los impuestos del Estado a las Comunidades Autónomas. La norma fundamental ha sido desarrollada en esta materia por los artículos 10 y 11 de la Ley Orgánica 8/1980, de 22 de septiembre, de Financiación de las Comunidades Autónomas. El alcance y las condiciones de la cesión se complementan actualmente con las previsiones de la Ley 22/2009, de 18 de diciembre, por la que se regula el sistema de financiación de las Comunidades Autónomas de Régimen Común y Ciudades con Estatuto de Autonomía y se modifican determinadas normas tributarias[23].

Cómo ya hemos señalado, la residencia habitual se presenta como el elemento clave de la sujeción a determinados impuestos. Vamos a referirnos a la definición que contiene la normativa reguladora del IRPF para determinar la sujeción del contribuyente. Por ser la única definición que contiene nuestra legislación del concepto residencia habitual en territorio español.

Así pues, se entenderá que una persona tiene su residencia habitual en España cuando se cumpla cualquiera de los tres requisitos siguientes:

— Permanencia durante más de 183 días.
— Centro de intereses económicos.
— Residencia del cónyuge e hijos menores (presunción «iuris tantum»).

Si no se cumple ninguno de estos requisitos, la persona física tendrá la consideración de no residente y, en la medida que obtenga rentas en España, tendrá la consideración de contribuyente del Impuesto sobre la Renta de los No Residentes.

III.1.1. La permanencia durante más de 183 días en España

Siguiendo el contenido del artículo 9.1 de la LIRPF, aquellas personas que permanezcan más de 183 días, durante el año natural, en territorio español, se entenderá que tienen residencia habitual en dicho territorio, adquiriendo la cualidad de contribuyente del impuesto.

---

23. HERMOSÍN ALVAREZ, M., «Restricciones a los cambios de residencia habitual de las personas físicas para lograr una menor tributación efectiva, **Revista Quincena Fiscal** nº 21/2016, (BIB 2016/85650).

El cómputo se realiza durante el año natural. Nada se precisa acerca de si los días deben ser o no seguidos, por lo que sólo será determinante el cómputo global, cualquiera que sea la distribución de los mismos a lo largo del año.

La permanencia es un criterio objetivo que hay que identificar con presencia, cuya acreditación presupone una lógica exteriorización de la voluntad de permanencia[24].

Para determinar este período de permanencia se computarán las ausencias esporádicas, salvo que el contribuyente acredite su residencia fiscal en otro país. Tratándose de paraísos fiscales, la Administración tributaria podrá exigir que se pruebe la permanencia en el mismo durante ciento ochenta y tres días en el año natural (art. 9.1.a LIRPF).

Con respecto a las ausencias esporádicas hay que señalar que, en principio, no se descuentan los días de ausencia del país sino que se incluyen como días de estancia o permanencia, siempre que se trate de ausencias de carácter ocasional o aisladas, teniendo en cuenta que la habitual presencia en territorio español no queda desvirtuada y por tanto, la calificación de residente por el criterio de la permanencia.

Las ausencias esporádicas se computan como días de ausencia, y no de permanencia, cuando se acredite la residencia fiscal en otro país (art. 9.1.a) de la LIRPF). En estos casos, el contribuyente debe acreditar la residencia fiscal en otro país y no la permanencia[25].

El certificado de residencia fiscal mediante el cual se acredite la residencia fiscal en otro territorio debe expresar:

1º) Que la persona tiene su residencia fiscal en el Estado que lo expide.
2º) Que la persona está sujeta a imposición en dicho Estado por su renta mundial.
3º) Que se expide por la Autoridad fiscal competente.
4º) Si existe convenio para evitar la doble imposición (CDI), que la persona es residente en el sentido del Convenio.

---

24. Presentada una declaración del IRPF como residente, aun cuando no pueda considerarse como una confesión a efectos de determinar la residencia fiscal en España, sí establece la existencia de una presunción, debiendo probar el contribuyente, en su caso, que no era efectivamente residente en España. Resolución TEAC de 9 abril 1997.

25. Una persona tiene residencia fiscal en un determinado Estado, cuando está sujeto a tributación en él por obligación personal, esto es, por su renta mundial, por lo que la demostración de tal hecho exige aportar el certificado de residencia expedido por la autoridad fiscal competente de ese país, en el que conste tanto su permanencia como sus obligaciones fiscales en el mismo. STSJ Asturias, de 28 de septiembre de 2007 y STSJ de Madrid, núm. 10594/2008 de 23 julio.

Se acredita la residencia fiscal en otro territorio mediante la aportación de la tarjeta de residencia, por estar expedidos sus pasaportes en el Consulado de Marsella, por así certificarlo el propio Cónsul de Marsella y por así haberlo notificado en su momento a la Delegación de Hacienda de Madrid a los oportunos efectos. SAN de 28 noviembre 2002.

Por el contrario, se ha considerado insuficiente para acreditar la residencia fiscal en otro territorio tanto el permiso de residencia, como el de trabajo. Resolución DGT de 30 noviembre 1999.

En relación con el certificado de residencia fiscal emitidos por la Administración Tributaria española habrá que estar a lo regulado en la disposición adicional 2ª de la Orden 3316/2010, de 17 de diciembre.

Para la determinación del período de permanencia existe una excepción a lo expuesto anteriormente, es decir, no se computarán las estancias temporales en España que sean consecuencia de las obligaciones contraídas en acuerdos de colaboración cultural o humanitaria, a título gratuito, con las Administraciones públicas españolas [art. 9.1.a) último párrafo de la LIRPF]. En estos supuestos se trata de excluir que la estancia en España de personas procedentes de otros países por un tiempo superior al indicado, pueda considerarse como tiempo de permanencia a efectos de atribuir la condición de residente y, por lo tanto, de contribuyente por el IRPF.

Como bien ha indicado SIMÓN ACOSTA[26], «El legislador no precisa lo que debe entenderse por «ausencia esporádica» y, en una interpretación práctica, no parece que su significado vaya a variar sustancialmente del de «ausencia temporal». En todo caso, la residencia va a ser entendida con el mismo carácter ciertamente extensivo que siempre ha tenido en nuestras normas tributarias y que puede conducir a conclusiones inaceptables desde el punto de vista del Derecho Internacional. Sin duda, los convenios para evitar la doble imposición van a suavizar este criterio extensivo, pero no parece que los Estados con los que España no tiene firmado convenio de doble imposición vayan a aceptar pasivamente el discutido criterio de las «ausencias esporádicas o temporales».

Asimismo, este cómputo de la permanencia con ausencias esporádicas admite «acreditación en contrario». Así pues, las ausencias esporádicas no se computarán si el contribuyente acredita su residencia fiscal en otro país, algo que, como hemos visto y dependiendo del tipo de trabajo del contribuyente, no siempre va a ser posible.

Por tanto, para acreditar la residencia fiscal en un determinado país, la Administración sólo puede aceptar el certificado de residencia expedido por la autoridad fiscal competente de ese país, en el que consten su permanencia y sus obligaciones fiscales en el mismo.»

La LIRPF ha introducido una más que relevante matización respecto a esta «acreditación». En el caso de que la acreditación provenga de un paraíso fiscal, ésta no va a ser ya suficiente para que una persona deje de ser considerada residente. En estos casos, la Administración Tributaria podrá exigir al contribuyente que «pruebe» su permanencia en el paraíso fiscal durante más de 183 días. Es decir, que demuestre su permanencia efectiva en el Estado donde dice ser residente. Para aportar esta prueba, la persona podrá valerse de cuantos medios de prueba sean admitidos habitualmente en nuestro derecho.

---

26. «A vueltas con la prueba de la residencia fiscal fuera de España», **Actualidad Jurídica Aranzadi**, nº 917/2016, Aranzadi, 2016, BIB 2016/2228.

III.1.2. El centro de intereses económicos

El segundo criterio que la letra b) del apartado 1° del artículo de la Ley del Impuesto sobre la Renta de las Personas Físicas establece para establecer la residencia de una persona física es el llamado «centro de intereses económicos».

Según la referida letra, se entenderá que una persona es residente en España «cuando radique en España el núcleo principal o la base de sus actividades o intereses económicos, de forma directa o indirecta».

El art. 9.1.b) LIRPF no define lo que debe entenderse por el núcleo principal o la base de las actividades o intereses económicos de un contribuyente; en cambio, a la hora de regular la residencia del contribuyente en la concreta Comunidad Autónoma, el art. 72 de la LIRPF sí establece los criterios para determinar dónde se encuentra el principal centro de intereses, definido por el lugar en que se obtenga la mayor parte de la base imponible del IRPF. La aplicación de esta regla permite resolver situaciones en un ámbito doméstico.

Se han considerado criterios objetivos que permiten radicar en centro de intereses económicos, en España o en cualquier otro país: gestión de explotaciones económicas, titularidad y utilización de inmuebles, urbanos o rústicos; titularidad y utilización de bienes muebles, principalmente vehículos; titularidad de otros derechos o cuentas bancarias, regularidad de movimientos bancarios, declaraciones en medios de comunicación, etc.

Según dispone el art. 9 b) LIRPF, la persona física será residente en territorio español cuando radique en él el núcleo principal o la base de sus actividades o intereses económicos, de forma directa o indirecta. Por tanto, debe entenderse que la participación indirecta en sociedades debe ser tenida en consideración a los efectos de determinar dónde radica el núcleo principal de intereses económicos del sujeto. A estos efectos pueden ser útiles fórmulas como la participación indirecta en la dirección, el control o el capital de las entidades, a que se refiere el art. 9 MOCDE.

Desde un punto de vista procesal, corresponde a la Administración tributaria la tarea de probar, en su caso, la existencia de este segundo criterio cuando pretenda sostener la residencia del sujeto pasivo en territorio español.

Debe advertirse que este segundo criterio es independientemente del primero. Por tal razón, suele ser un criterio subsidiario, es decir, se hace valer en caso de no poder establecer fehacientemente la residencia a través del criterio de permanencia. En todo caso, será la Administración Tributaria, y no el contribuyente, la que deberá demostrar el lugar donde radica el centro de intereses económicos.

Por otra parte, la expresión no deja de ser imprecisa y comporta dificultades probatorias evidentes. En principio, ni la ley ni el reglamento definen qué quiere decir el legislador con «núcleo principal o base de actividades o intereses económicos».

La doctrina viene entendiendo que para establecer ese núcleo o base de actividades o intereses económicos la Administración Tributaria deberá atenerse principalmente a dos elementos:

— Las principales fuentes de renta. De esta forma, se entenderá que el núcleo principal o la base de actividades o intereses económicos reside en España si la principal fuente de riqueza de la persona física proviene de un núcleo o base situada en España.

— El patrimonio radique en España. Si la mayor parte del patrimonio de la persona física está radicado en España, se entenderá que es residente en España.

III.1.3. La residencia del cónyuge e hijos menores

El tercer criterio para establecer la residencia en España de las personas físicas viene recogido en el párrafo cuarto del artículo 9. Textualmente, el precepto legal establece que «se presumirá, salvo prueba en contrario, que el contribuyente tiene su residencia habitual en territorio español cuando, de acuerdo con los dos criterios anteriores, residan habitualmente en España el cónyuge no separado legalmente y los hijos menores de edad que dependan de aquél».

Este tercer criterio sigue basándose en una presunción «iuris tantum», es decir, que admite prueba en contrario. Debe resaltarse el hecho de que para que juegue la presunción deben residir en España tanto el cónyuge como todos los hijos menores.

El ordenamiento tributario español no incluye como criterio para fijar la residencia fiscal en España un criterio que está presente en todos los convenios para evitar la doble imposición y que es la pieza maestra para resolver los conflictos de doble residencia : el criterio de la vivienda permanente[27].

---

27. IRPF. Sujeto pasivo. Presunción de residencia. Empadronamiento. Acreditación de convivencia con el sujeto pasivo. El certificado de empadronamiento es documento público y fehaciente cuyos datos constituyen una presunción en cuanto a los datos de residencia y por tanto de convivencia que admite prueba en contrario por cualquier medio admitido en Derecho, Sentencia TSJ Cataluña de 13/09/2013.

IRPF. Sujeto pasivo. Presunción de residencia. Cónyuges e hijos residentes en el extranjero. En caso de que uno de los cónyuges tenga residencia habitual en España pero su cónyuge y los hijos menores tengan residencia en el extranjero, solamente será contribuyente el cónyuge residente, no atrayendo a su familia a imposición en España, salvo que estén sometidos al IRNR por aquellas rentas de fuente española. Resolución de la DGT núm. 21 de 24 de febrero de 2003)

La prueba en contrario, que corresponde al obligado tributario, podrá dirigirse tanto a probar la inexistencia del presupuesto fáctico a partir del cual se considera probada la residencia del obligado tributario (la residencia habitual del cónyuge y los hijos menores que dependan de él) como el enlace que ha de haber entre dicho presupuesto fáctico y el hecho que se presume (la residencia habitual del contribuyente). Esto último requeriría demostración por parte del obligado tributario de su residencia fiscal en otro país.

IRPF. Sujeto pasivo. Presunción de residencia. La presunción de residencia se puede destruir acreditando que se es residente fiscal en otro país, mediante un certificado de residencia expedido por la autoridad fiscal competente del país donde se dice residir. Resoluciones de la DGT núm. 1977, de 21/02/1998 (JUR 2001, 202250) y núm. 1127-02, de 25 de julio de 2002 (JUR 2002, 257510).

III.2. Bonificaciones fiscales en el IRPF para incentivar a la población de la España despoblada

Vamos a distinguir entre las bonificaciones que se pueden establecer a nivel estatal para favorecer a la población de territorios despoblados; y a continuación nos detendremos en el camino que han seguido algunas Comunidades Autónomas.

Como ya hemos indicado no existen en la actualidad ningún tipo de beneficio fiscal en la normativa del IRPF para favorecer a las personas que habitan en territorios despoblados o con riesgo de despoblación.

Por tanto, habiendo analizado la normativa del IRPF, sí se pueden arbitrar una serie de medidas al efecto:

— Mayor reducción en el rendimiento del trabajo personal para trabajadores que presten su trabajo en empresas radicadas en zonas despobladas; la cuantía de los 2.000 euros en concepto de otros gastos elevarla a 2.500.
— Exención total con ocasión de la transmisión de la vivienda habitual independientemente de la edad del transmitente cuando traslade su vivienda habitual a una zona despoblada.
— En el establecimiento del mínimo personal y familiar del contribuyente que supone la adecuación del Impuesto a las circunstancias personales y familiares, ampliar tanto el mínimo del contribuyente como los mínimos por ascendientes, descendientes y discapacidad en el supuesto de personas que tengan su residencia habitual en zonas despobladas.

Las deducciones que tenemos en el tramo estatal para calcular la cuota líquida del IRPF, que como sabemos es igual a la cuota íntegra estatal menos las deducciones establecidas en el artículo 68:

— Deducción en el IRPF de los trabajadores residenciados en municipios de menos de 5.000 habitantes del 15 % de la cuota íntegra resultante.
— Establecimiento de la deducción por inversión, ya sea adquisición o rehabilitación, en cualquier tipo de vivienda, aunque no sea la habitual, por ejemplo, segundas viviendas, en territorios despoblados
— Establecimiento de deducciones en actividades económicas, incrementando el tipo de la deducción.
— Deducciones por rentas obtenidas en territorios despoblados, similares a la deducción por rentas obtenidas en Ceuta y Melilla.

En la cuota diferencial se puede ampliar la deducción por maternidad, a favor de las mujeres que cumplan los requisitos establecidos en la norma, en el caso de que su residencia habitual esté en un municipio despoblado o con riesgo de despoblación.

También afectaría esta ampliación de las deducciones por familia numerosa o personas con discapacidad a cargo.

IV. MEDIDAS FISCALES ESTABLECIDAS EN LAS COMUNIDADES AUTÓNOMAS PARA SU APLICACIÓN AL GRAVAMEN AUTONÓMICO EN EL IRPF

Como ya hemos indicado el IRPF es un impuesto cedido por el Estado a las Comunidades Autónomas, por tanto, la recaudación de citado impuesto es compartida. A este derecho de las CCAA se suma la atribución de capacidad normativa de estos Entes.

Todo ello obliga a considerar las reglas de la residencia habitual, a las que ya nos hemos referido, en el territorio de una Comunidad y el cálculo del gravamen autonómico.

Las CCAA tienen competencias normativas atribuidas, aunque la gestión corresponda a la Administración General del Estado, conforme al artículo 46 de la LOFCA en los elementos siguientes:

— El importe del mínimo personal y familiar con el límite del 10 por 100 para cada una de las cuantías.
— La escala autonómica aplicable a la base liquidable general: la estructura de esta escala deberá ser progresiva.
— Deducciones en la cuota íntegra autonómica por determinadas circunstancias.
— Subvenciones y ayudas públicas.
— Aumentos o disminuciones en los porcentajes de deducción por inversión en vivienda habitual.

Como es lógico, son las Comunidades Autónomas con mayor número de estos pequeños municipios y riesgo de despoblación las que contemplan estas deducciones, que se concentran en materia de vivienda y natalidad, dos puntos fuertes para atraer nueva población a núcleos de población pequeños y susceptibles de perjuicios por el efecto de atracción de las grandes ciudades. Vamos a referirnos a algunas de las Comunidades Autónomas que han desarrollado estas deducciones en sus respectivas leyes de cesión de tributos del Estado a las Comunidades Autónomas.

CANTABRIA

Cantabria es una Comunidad Autónoma que ha hecho uso de sus competencias y, por lo tanto, regula deducciones propias de aplicación a los contribuyentes que tengan su residencia habitual en este territorio, entre las que se encuentran una serie de deducciones relativas a residir en una zona rural en riesgo de despoblación.

Deducción IRPF contribuyentes con residencia habitual en zonas en riesgo de despoblación

— Por contratos de arrendamiento de viviendas situadas en zonas en riesgo de despoblamiento: el 20% de las cantidades pagadas con un límite de 600 euros en tributación invididual y 1.200 en conjunta. Los municipios deben cumplir alguna de estas tres condiciones: menos de 2.000 habitantes, densidad de población de menos de 12,5 habitantes por kilómetro cuadrado o tasa de envejecimiento de al menos el 30%. La suma de las bases imponibles general y del ahorro menos el mínimo del contribuyente y familiar no puede superar los 22.946 euros en tributación individual y los 31.485 en conjunta.

— Por gastos de guardería en zonas rurales en riesgo de despoblamiento: la deducción es del 30% de los gastos satisfechos con un límite de 600 euros por hijo menor de tres años si se cumplen las condiciones de población, densidad de población o tasa de envejecimiento del punto anterior y los límites a la suma de las bases imponibles general y del ahorro menos los mínimos personal y familiar, de 22.946 euros en tributación individual y 31.485 en conjunta.

— Por los gastos al trasladar la residencia habitual a una zona en riesgo de despoblamiento por motivos laborales: la deducción es de 500 euros en el periodo impositivo en el que se produzca el traslado y en el siguiente, con los requisitos a los municipios de los dos puntos anteriores y el conocido límite a la base imponible general y del ahorro menos los mínimos personal y familiar de 22.946 euros en tributación individual y 31.485 en conjunta.

Para contribuyentes con residencia habitual en Cantabria que se encuentre en una zona rural en riesgo de despoblación, se establecen una serie de deducciones en la cuota autonómica del Impuesto por residencia, arrendamiento de viviendas, gastos de guardería y gastos por traslado.

Estas deducciones se aplicarán conforme a una serie de reglas y requisitos.

Se entenderá por zona rural en riesgo de despoblamiento aquellos municipios o ayuntamientos que cumplan alguno de los siguientes criterios objetivos:

a) Población inferior a 2.000 habitantes.
b) Densidad de población inferior a 12,5 habitantes por kilómetro cuadrado.
c) Tasa de envejecimiento superior al 30 %.

La Consejería de Economía y Hacienda publicará anualmente mediante Orden la relación de municipios o ayuntamiento que tendrán tal consideración, de acuerdo con los datos oficiales facilitados por el ICANE.

La base de las deducciones contempladas estará constituida por las cantidades justificadas con facturas o recibos y satisfechas, mediante tarjeta de crédito o débito, transferencia bancaria, cheque nominativo o ingreso en cuentas en entidades de crédito, a las personas o entidades que presten los servicios de guardería. En ningún caso, darán derecho a practicar esta deducción las cantidades satisfechas mediante entregas de dinero en efectivo.

ÁLAVA

— Por ascendientes: la deducción habitual, de 289 euros por ascendiente, se incrementa en un 15% si se reside en un municipio de la provincia con menos de 4.000 habitantes.

ARAGÓN

— Por compra o rehabilitación de vivienda habitual en núcleos rurales o análogos: se contempla una deducción del 5% de las cantidades pagadas en el periodo impositivo, si el contribuyente reside en un municipio de menos de 3.000 habitantes o en una entidad local menor o entidad singular de población. Además, debe tener menos de 36 años, que sea su primera vivienda y que la suma de la base imponible general y del ahorro menos el mínimo del contribuyente y por descendientes no supere los 21.000 euros en tributación individual y 35.000 en conjunta.
— Por nacimiento y adopción del primer y/o segundo hijo en poblaciones de menos de 10.000 habitantes: en estos casos, la deducción es de de 100 euros por el primero y 150 euros por el segundo, pero sube a 200 y 300 euros, si la suma de la base imponible general y del ahorro no supera los 23.000 euros en tributación individual y los 35.000 en conjunta.

ASTURIAS

— Por arrendamiento de vivienda habitual: se concede una deducción del 15% (frente al 10% habitual) de los gastos en el periodo impositivo por este concepto, con un límite de 606 euros (455 en el habitual). Los requisitos son pagar al menos el 10% de la base imponible en alquiler, vivir en una vivienda ubicada en suelo no urbanizable de un municipio de menos de 3.000 habitantes, así como que la suma de la base imponible general y del ahorro no superen los 25.009 euros en tributación individual y los 35.240 en conjunta.
— Por nacimiento o adopción de segundo y sucesivos hijos en zonas rurales en riesgo de despoblamiento: la deducción es de 100 euros por cada hijo nacido o adoptado en el periodo impositivo siempre que se resida en zonas rurales en riesgo de despoblación y la suma de las bases imponibles general y del ahorro no sean superiores a 25.009 euros en tributación individual y 35.240 en conjunta.
— Para contribuyentes que se establezcan como trabajadores por cuenta propia o autónomos en zonas rurales en riesgo de despoblamiento: la deducción es de 1.000 euros siempre que se resida en alguna de esas zonas, haya empezado en 2020 una actividad por cuenta propia y la mantenga al menos un año y la suma de la base imponible general y del ahorro no supere los 25.009 euros en tributación individual y los 35.240 en conjunta.
— Por gastos de transporte público para residentes en zonas rurales en riesgo de despoblación: la deducción es del 10% de las cantidades paga-

das con un límite de 50 euros. Los requisitos: vivir en zonas rurales con riesgo de despoblación y una base imponible general y del ahorro superior a 25.009 euros en tributación individual y los 35.240 en conjunta.

CASTILLA-LA MANCHA

Castilla La Mancha aprobó la Ley 2/2021, de 7 de mayo, de Medidas Económicas, Sociales y Tributarias frente a la Despoblación y para el Desarrollo del Medio rural en Castilla-La Mancha, así se incorporan los siguientes preceptos en La Ley 8/2013, de 21 de noviembre, de Medidas Tributarias de Castilla-La Mancha a efectos de fijar la población en territorios despoblados:

Deducción por residencia habitual en zonas rurales. Los contribuyentes que teniendo su residencia habitual en alguno de los municipios incluidos en las zonas a que se refiere el artículo 12 de la Ley 2/2021, de 7 de mayo, de Medidas Económicas, Sociales y Tributarias frente a la Despoblación y para el Desarrollo del Medio Rural en Castilla-La Mancha, cumplan además el requisito de estancia efectiva en el mismo en los términos previstos en el artículo 5 de la ley antes citada, podrán aplicarse en la cuota íntegra auto-nómica la que corresponda de las siguientes deducciones: a) Por residencia habitual en un municipio incluido en una zona de intensa despoblación:- Si el municipio tiene una población inferior a 2.000 habitantes: 20 %. - Si el municipio tiene una población igual o superior a 2.000 e inferior a 5.000 habitantes:15 %. b) Por residencia habitual en un municipio incluido en una zona de extrema despoblación: - Si el municipio tiene una población inferior a 2.000 habitantes: 25 %. - Si el municipio tiene una población igual o superior a 2.000 e inferior a 5.000 habitantes: 20 %. 2. El incumplimiento de cualquiera de los requisitos indicados en el apartado anterior dará lugar a la integración de las cantidades deducidas en la cuota íntegra autonómica del ejercicio en que se produzca el incumplimiento, con los correspondientes intereses de demora».

Asimismo, se prevé una deducción por adquisición o rehabilitación de la vivienda habitual en zonas rurales. 1. Los contribuyentes podrán deducirse de la cuota íntegra autonómica el 15 por ciento de las cantidades que durante el período impositivo satisfagan por la adquisición o rehabilitación de la vivienda que constituya o vaya a constituir su residencia habitual, siempre que se cumplan, simultáneamente, los siguientes requisitos:

a) Que la vivienda esté situada en alguno de los municipios incluidos en las zonas a que se refiere el artículo 12 de laLey 2/2021, de 7 de mayo, de Medidas Económicas, Sociales y Tributarias frente a la Despoblación y para el Desarrollo del Medio Rural en Castilla-La Mancha, y que la población del mismo sea inferior a 5.000 habitantes.

También se prevé una deducción por traslado de vivienda habitual. 1. El contribuyente podrá deducirse 500 euros en la cuota íntegra autonómica en el periodo impositivo en el que se produzca el cambio de residencia, así como en el siguiente, por los gastos ocasionados al trasladar la residencia habitual por motivos laborales a un municipio de Castilla-La Mancha de los incluidos en las zonas a que se refiere el artículo 12 de la Ley 2/2021, de 7 de mayo, de Medidas

Económicas, Sociales y Tributarias frente a la Despoblación y para el Desarrollo del Medio Rural en Castilla — LaMancha.

CASTILLA y LEÓN

La Comunidad Autónoma de Castilla y León contiene en su normativa las siguientes disposiciones para fijar la población en el entorno despoblado:

— Por adquisición o rehabilitación de vivienda por jóvenes en núcleos rurales: la deducción es del 15% de las cantidades satisfechas (base máxima de 9.040 euros) siempre que tengan menos de 36 años, sea primera vivienda (no se puede tener más del 50% de otra vivienda), se resida en municipios de menos de 10.000 habitantes y de 3.000 si se vive a menos de 30 kilómetros de la capital de provincia, que la adquisición sea a partir de 2005 y, si es posterior a 2015, no sea mayor de 135.000 euros. El límite en tributación individual es de 19.800 euros y en conjunta de 31.500 euros.

— Por rehabilitación de viviendas para alquiler en núcleos rurales: aquí la deducción es del 15% de las cantidades pagadas en viviendas de poblaciones de menos de 10.000 habitantes o menos de 3.000 si la capital de provincia está a menos de 30 kilómetros. La vivienda no se puede alquiler a familiares o debe estar al menos puesta en alquiler durante los cinco años siguientes. Además, su valor no debe ser mayor de los 135.000 euros y el precio de alquiler no puede superar los 300 euros mensuales. La base máxima de deducción es de 20.000 euros.

— Por alquiler de vivienda habitual para jóvenes: la deducción es del 25% de las cantidades pagadas (20% para el resto) por los menores de 36 años con un límite de 612 euros (459 para el resto) si se vive en un municipio de menos de 10.000 habitantes o menos de 3.000 si está a 30 kilómetros como mucho de la capital de provincia. El límite de la suma de la base imponible general y del ahorro menos los mínimos familiar y personal es de 18.900 euros en tributación individual y 31.500 en conjunta.

— Por nacimiento y adopción de hijos: el hijo nacido o adoptado en el periodo impositivo otorga una deducción de 1.010 euros, el segundo a una de 1.475 y el tercero y sucesivos a una de 2.351 euros con carácter general, pero se incrementan en un 35% si se reside en municipios de menos de 5.000 habitantes. La suma de la base imponible general y del ahorro menos el mínimo familiar y personal no puede superar los 18.900 euros en tributación individual y los 31.500 euros en conjunta.

EXTREMADURA

Extremadura tiene la densidad de población más baja de España, con 26 habitantes por kilómetro cuadrado, frente a la media nacional de 93 habitantes por kilómetro cuadrado. Representa el 8,3% del territorio nacional, y posee sólo el 2,3% de la población total. Llegó a representar el 4,4%, pero en las décadas de los 60 y 70, Extremadura perdió un 22,78% de población. Según los datos del Instituto Nacional de Estadística, en los últimos 30 años ha habido una considerable disminución de la población rural, mientras que ha aumentado la de las ciudades medias y grandes. El índice de envejecimiento ha descendido y la tasa de natalidad ha bajado especialmente en el medio rural

Extremadura ha aprobado recientemente una norma transversal para fijar la población en los entornos despoblados en la Ley de Medidas ante el Reto Demográfico y Territorial de Extremadura, se aplicará una deducción del 15% en la cuota autonómica del IRPF a los contribuyentes que residan en municipios de menos de 3.000 habitantes y elevará hasta los 28.000 euros (45.000 en caso de tributación conjunta) la base imponible para poder beneficiarse de todas deducciones autonómicas en el ámbito rural. En el Impuesto de la Renta los vecinos de esos pueblos podrán deducir el 15% de la cuota íntegra autonómica. Eso sí, las sumas de la base imponible general y del ahorro no podrán superar los 28.000 euros en tributación individual (45.000 euros en conjunta). Además, tendrán esos mismos límites económicos para acogerse a las deducciones autonómicas por partos múltiples, cuidado de familiares discapacitados o hijos de hasta 14 años, viudos, compra de viviendas por jóvenes o víctimas del terrorismo, alquiler de vivienda habitual y material escolar. Actualmente, el tope está fijado en 19.000 euros en tributación individual y 24.000 en conjunta. Esto hará que muchas más personas puedan acogerse a esos beneficios fiscales. Además, en el caso de familias numerosas no habrá ningún límite.

También se prevé una deducción del 10% en el IRPF para quienes compren o rehabiliten una vivienda en un pueblo de menos de 3.000 habitantes.

En cuanto a la compra de vivienda, en el Impuesto sobre Transmisiones Patrimoniales, se propone un tipo reducido del 4% del valor de la vivienda siempre que no pase de 180.000 euros y se cumplan unos requisitos de renta. También se aplicará, sin límite en el valor del inmueble, para adquisiciones destinadas a constituir o continuar una actividad empresarial. El tipo actual es del 7 o el 8%.

En los dos casos anteriores, se contempla además un tipo reducido del 0,5% en el impuesto sobre actos jurídicos documentados, que se aplica para la formalización de escrituras públicas. Actualmente el tipo general es del 1,5%, aunque en ciertos casos se puede rebajar al 0,75%.

Las adquisiciones deben realizarse una vez entrada en vigor la norma, para que sean de aplicación las deducciones previstas.

GALICIA

La Comunidad Autónoma de Galicia ha establecido las siguientes medidas fiscales contra la despoblación:

— Por nacimiento o adopción de hijos: las cuantías habituales, que están en este enlace y dependen de la base imponible general y del ahorro y del número de hijos, se incrementan en un 20% si se reside en municipios de menos de 5.000 habitantes o resultantes de fusiones o incorporaciones.

LA RIOJA

Se trata de una Comunidad Autónoma que ha regulado los aspectos a que nos estamos refiriendo estableciendo las siguientes deducciones fiscales:

— Por adquisición, construcción o rehabilitación de vivienda habitual en pequeños municipios: el 5% de las cantidades pagadas por esos conceptos en el periodo impositivo, con un límite de 452 euros y siempre que se trate de vivienda habitual, la operación se hiciese a partir de 2017 y se resida en un pequeño municipio de La Rioja que aparezca en esta lista proporcionada por la Agencia Tributaria.

— Por gastos en escuelas infantiles, centros de educación infantil o personal contratado para el cuidado de hijos de 0 a 3 años en pequeños municipios: se podrá deducir el 30% de las cantidades pagadas con un límite de 600 euros y siempre que los progenitores desarrollen actividades laborales, vivan en pequeños municipios riojanos y no superen con la base liquidable los 18.030 euros en tributación individual y 30.050 en conjunta, además de no superar los 1.800 euros en la base del ahorro.

— Por cada hijo de 0 a 3 años: la deducción es de 100 euros mensuales por hijo para residentes en pequeños municipios de La Rioja o que se hayan traslado en 2020 y la mantengan al menos tres años.

— Por acceso a Internet para los jóvenes emancipados: el 40% de las cantidades pagadas en el periodo impositivo (30% para el resto) para menores de 36 años que vivan en pequeños municipios riojanos y que hayan firmado un contrato de Internet en el ejercicio y siempre que no superen una base liquidable de 18.030 euros en tributación individual y 30.050 en conjunta. La base liquidable del ahorro no puede superar los 1.800 euros.

— Por suministro de luz y gas de uso doméstico para los jóvenes emancipados: una deducción del 20% de las cantidades pagadas (15% para el resto) para menores de 36 años que vivan en pequeños municipios y suscriban durante el ejercicio un contrato por esos suministros y que tengan una base liquidable inferior a 18.030 euros en tributación individual y 30.050 en conjunta y cuando la base liquidable del ahorro no sea mayor de 1.800 euros.

— Por arrendamiento de vivienda habitual para menores de 36 años: el 20% de las cantidades pagadas (un 10% en el resto) con un límite de 400 euros (300 euros en el resto) para los residentes en pequeños municipios. La base liquidable general no debe superar los 18.030 euros en tributación individual ni los 30.050 en conjunta, así como la base del ahorro no puede superar los 1.800 euros.

— Por adquisición o rehabilitación de segunda vivienda en el medio rural: la deducción es del 8% siempre que la vivienda no se encuentre en el mismo municipio de la vivienda habitual, con un límite de 450,76 euros. Deben haber adquirido la vivienda antes de 2013 o haberla rehabilitado antes de 2017 para contribuyentes con domicilio habitual en La Rioja y esa segunda residencia en un municipio que forme parte de la lista que facilita la Agencia Tributaria.

COMUNIDAD DE MADRID

La Comunidad de Madrid cuenta con un amplio abanico de beneficios fiscales, aprobados en ejercicio de sus competencias normativas, que se aplican en todo su territorio, por tanto también en los territorios, que estuvieran más despoblados, podemos decir sin ambages que es la Comunidad Autónoma que más beneficios fiscales ofrece a las personas físicas cuya residencia habitual radique en Madrid.

La relación de beneficios fiscales en el Impuesto sobre la Renta de las Personas Físicas es la siguiente; vamos a referirnos a algunas de las previstas en su legislación y que afectan a la vivienda y a la familia; se dictaron en las disposiciones legales de la Comunidad de Madrid en materia de tributos cedidos por el Estado, aprobado por Decreto Legislativo 1/2010, de 21 de octubre:

Los menores de 35 años puede aplicarse en el Impuesto sobre la Renta una deducción del 30% de las cantidades destinadas al alquiler, hasta un máximo de 1.000 euros al año.

Así, en un alquiler medio de 500 euros podrías deducirte el importe de dos mensualidades.

Desde 2018, los mayores de 35 años, pero menos de 40, y que hayan estado en situación de desempleo y con al menos dos familiares a cargo, también pueden aplicarte esta deducción.

Desde el 1 de enero de 2019 se establece una bonificación del 100 por ciento de la cuota por arrendamiento de viviendas que no se destinen al ejercicio de una actividad empresarial o profesional, siempre que la renta a satisfacer por el alquiler sea inferior a 15.000 euros anuales.

Se elimina la obligación de presentación de la autoliquidación cuando se aplique esta bonificación. Siendo esta medida muy positiva para el contribuyente, ya que le descarga de la obligación formal de tener que realizar la autoliquidación.

No obstante, debido a que el Estado declaró exentos de tributación los arrendamientos de viviendas para uso estable y permanente, su fiscalidad queda de la siguiente manera:

Los arrendamientos que se formalicen sobre viviendas para uso estable y permanente quedan exentos.

Los arrendamientos de viviendas que no se destinen al ejercicio de una actividad empresarial o profesional que se produzcan desde el 24 de enero de 2019 hasta el 5 de marzo de 2019 gozan de una bonificación del 100% cuando la renta anual pactada sea inferior a 15.000 €.

A partir del 6 de marzo de 2019 los arrendamientos de vivienda para uso estable y permanente a los que se refiere el artículo 2 de la Ley 29/1994, de 24 de noviembre, de Arrendamientos Urbanos, quedan exentos.

Desde el año 2018 el tipo de gravamen marginal aplicable en el primer tramo de la escala autonómica (base liquidable hasta 12.450 euros), se situaba en el 9 por ciento (frente al 9,5 por ciento establecido en la escala del Estado).

A partir de 2022 entra en vigor una nueva rebaja de 0,5 puntos porcentuales en todos los tramos de la escala autonómica. Con esta reforma, el tipo mínimo queda fijado en el 8,5% para rentas de hasta 12.450 euros.

Los beneficios fiscales aplicables a la familia a efectos del cálculo del tramo autonómico en el IRPF también son muy numerosos, y afectan a un gran número de población:

Desde el 1 de enero de 2010, los contribuyentes madrileños con tres o más hijos o descendientes han podido aplicarse un mínimo por descendiente un 10 por ciento superior al establecido en la normativa estatal.

Además, desde el 1 de enero de 2015, su importe está incrementado en todas las cuantías en concepto de mínimo por descendientes y se mantiene el máximo incremento posible en el caso de tercer o siguientes descendientes.

Así, por el tercer descendiente, se puede aplicar una cuantía de 4.400 euros (frente a los 4.000 euros contemplados en la normativa estatal), que se eleva hasta los 4.950 euros en el caso del cuarto y sucesivos descendientes (frente a los 4.500 euros estatales).

La Comunidad de Madrid aplica distintos beneficios fiscales para paliar los gastos que generan el nacimiento o la adopción de hijos.

Así, se pueden deducir 600 euros por cada hijo nacido o adoptado tanto en el período impositivo en el que se produzca el nacimiento o la adopción como en cada uno de los dos períodos impositivos siguientes.

En el caso de partos o adopciones múltiples esta cuantía se incrementará en 600 euros por cada hijo en el primer ejercicio en que te apliques la deducción

No obstante, existen unos límites de renta: Así, sólo podrás aplicarte la deducción si tu renta no supera los 30.000 euros en tributación individual o 36.200 euros en tributación conjunta, ni la suma de las bases imponibles de todos los miembros de la unidad familiar de la formes parte sea supere los 60.000 euros

Las familias con hijos podrán aplicar una deducción por los gastos educativos soportados durante el segundo ciclo de la etapa de Educación Infantil, la Enseñanza Obligatoria y la Formación Profesional Básica, así como por la enseñanza de idiomas.

Posibilidad de deducción de los gastos correspondientes a la escolaridad obligatoria y los gastos de adquisición de vestuario de uso exclusivo escolar y los gastos por la enseñanza de idiomas.

Los porcentajes de deducción son: 5% de los gastos de vestuario de uso escolar, 10% de los gastos de enseñanza de idiomas, 15% de los gastos de escolaridad obligatoria.

La deducción máxima por hijo es de 400 euros anuales, que se incrementan hasta los 900 euros anuales si se satisficiesen gastos por escolaridad.

En 2018 se amplió esta deducción a los gastos soportados por hijos o descendientes que cursen el primer ciclo de Educación Infantil (0-3 años) con determinadas limitaciones. En este caso, la deducción máxima será de 1.000 euros anuales por cada menor escolarizado en esta etapa formativa.

Límite de renta:

Esta deducción solo se la pueden aplicar aquellos cuya base imponible, junto con la del resto de miembros de su unidad familiar, no supere la cantidad de multiplicar 30.000 euros por el número de miembros de dicha unidad familiar.

Deducción por inversión

Si vives en la Comunidad de Madrid puedes aplicarte una deducción en el IRPF por las cantidades invertidas en acciones o participaciones de empresas de nueva o de reciente creación.

En el ejercicio 2018 se amplió el porcentaje de deducción con carácter general, del 20 al 30 por ciento de la inversión, así como el límite de deducción aplicable, que pasa de 4.000 a 6.000 euros anuales.

Además, en el caso de inversión en sociedades laborales (limitadas o anónimas) o cooperativas, así como en entidades creadas o participadas por universidades o centros de investigación, el porcentaje de deducción se eleva hasta el 50 por ciento de la inversión y el límite de deducción se incrementa hasta 12.000 euros anuales.

Asimismo, se suprime el requisito anterior de que el inversor aporte sus conocimientos empresariales o profesionales adecuados para el desarrollo de la sociedad en la que invierten.

Por tanto, todos estos beneficios fiscales son aplicables a los supuestos de contribuyentes cuya residencia habitual se encuentre en territorios despoblado, que en su caso hubiera en la Comunidad de Madrid

V. BENEFICIOS FISCALES EN EL IMPUESTO SOBRE SOCIEDADES PARA LAS EMPRESAS COMO INCENTIVO PARA ASENTARSE EN TERRITORIOS DESPOBLADOS

Por otro lado, también son fundamentales los incentivos fiscales para las empresas. Es necesario incentivar y apoyar el asentamiento de nuevas actividades dentro de las áreas rurales, especialmente las que contribuyan a generar empleo y tengan vinculación con el territorio o sean industrias limpias, así como el mantenimiento de las actividades económicas actuales. Para ello, se debe atender en todo momento el margen permitido por la Directiva de 26 de noviembre de 2014, relativa a determinadas normas por las que se rigen las acciones por daños en virtud del Derecho nacional por infracciones del Derecho de la competencia de los estados miembros y de la Unión Europea. En la actualidad, las *microempresas* (predominantes en estas zonas) que cuentan con menos de 10 trabajadores y un límite de dos millones de euros de volumen de negocio y balance general no disfrutan de deducciones ni bonificaciones que se apliquen con carácter general, atendiendo a criterios de lucha contra la despoblación. Convendría establecer también medidas para las empresas que tributan por el IRPF, por lo que el Gobierno de España debería Incluir un factor de corrección que disminuya el rendimiento neto positivo cuando la actividad se desarrolle en municipios escasamente poblados. Asimismo, las bonificaciones y deducciones en la cuota que vengan determinadas por la inversión en activos fijos y por la generación de empleo, cuando éstos tengan lugar en municipios escasamente poblados, sería una medida positiva. Para las empresas que tributan por el Impuesto de Sociedades, ya que las deducciones actuales están basadas en criterios económicos o sociales, pero no en criterios de lucha contra la despoblación, el Gobierno debería implementar una bonificación importante de la parte de cuota íntegra del impuesto que corresponda a rentas obtenidas por las entidades que operen en municipios escasamente poblados, así como una deducción en el régimen común para la inversión en activos fijos y por la generación de empleo en estos territorios. En las regiones más afectadas por la despoblación, existe un grave problema en relación con las obligaciones de cobertura de banda ancha de los operadores nacionales. En este sentido, debería modificarse el Real Decreto 458/2011, que actualmente penaliza sustancialmente la cobertura territorial de las comunidades autónomas más despobladas. Además, es esencial que las actuaciones que se ejecutan actualmente con fondos estructurales europeos y alineadas con los objetivos establecidos por la Agenda Digital Europea prioricen la financiación de soluciones tecnológicas que posibiliten la evolución al 5G. Debe articularse una línea específica de ayudas para el despliegue de LTE (4G) con el fin de dotarlos de conectividad y movilidad, especialmente en los pueblos de menos de 50 habitantes que, por ejemplo, en Castilla-La Mancha son 829 de 1.932. Es esencial que las actuaciones ejecutadas actualmente por los fondos estructurales europeos y alineadas con los objetivos establecidos por la Agenda Digital Europea (ADE), prioricen en la financiación soluciones tecnológicas que posibiliten la evolución ulterior a las velocidades previstas. Las iniciativas públicas que se están ejecutando actualmente para el despliegue de redes de nueva generación deben permitir establecer una infraestructura básica totalmente reutilizable para la evolución al 5G. Para ello, es preciso que sea posible dinamizar y estimular el despliegue de soluciones inalámbricas 4G en zonas rurales, ya que, como se afirma por la Comisión en el documento citado «la conectividad para un mercado único digital competitivo (...), la conectividad 5G se apoyará en la de 4G y en redes fijas». En entornos rurales es impensable pensar en despliegues de fibra óptica masivos, obviamente. Para solucionar con rapidez el problema del acceso de banda ancha en el último tramo en las zonas rurales, se propone incluir la telefonía móvil en el servicio universal porque facilita el despliegue de soluciones de acceso de banda ancha en movilidad (BAM) en las zonas rurales. De esta manera, por una parte, se solventarían las carencias de telecomunicaciones básicas en las zonas rurales de nuestro territorio: inexistencia o precariedad de los servicios de telefonía móvil y de banda ancha de alta velocidad, garantizando así la cohesión territorial a nivel europeo. Porque aunque parezca increíble, el mundo rural sigue teniendo carencias básicas como la inexistencia del servicio de telefonía móvil.

Centrándonos en la normativa existente en el Impuesto sobre Sociedades; hemos de indicar que su legislación no ofrece medidas específicas para las empresas radicadas en territorios rurales despoblados. A estas empresas que tienen su domicilio social en este tipo de territorios se le aplicarán las mismas medidas que al resto de empresas, independientemente de dónde esté radicada su sede social.

Una medida que podría aplicarse a las empresas es bonificar el Impuesto de Sociedades un 50% para aquellas empresas cuya producción o facturación se genere al menos en un 70% en establecimientos localizados en municipios de menos de 5.000 habitantes.

También vamos a referirnos a una medida, aplicable a las empresas, prevista en el artículo 68 de la LIRPF. La deducción estatal en la cuota por inversiones en empresas de nueva o reciente creación como beneficio fiscal. La vigente redacción del artículo 68.1 de la Ley 35/2006, de 28 de noviembre, del Impuesto sobre la Renta de las Personas Físicas, dada por la Ley 6/2018, de 3 de julio, de Presupuestos Generales del Estado para 2018, establece una deducción en la cuota íntegra estatal del impuesto del 30 por ciento de las cantidades satisfechas en el período por la suscripción de acciones o participaciones en empresas de nueva o reciente creación.

Esta deducción se enmarca dentro de la línea iniciada con la aprobación de la Ley 14/2013, de 27 de septiembre, destinada a favorecer la iniciativa empresarial tanto desde la perspectiva de los emprendedores como desde la perspectiva del inversor privado de proximidad o «business angel». Se ha fundamentado la introducción de este beneficio fiscal en las elevadas necesidades de financiación por parte de los nuevos proyectos empresariales, las dificultades de acceso al crédito que se produjeron durante la última crisis económica, el rápido desarrollo de las nuevas tecnologías de la información y de las telecomunicaciones que precisan de nuevas aportaciones de financiación y por el notable riesgo de pérdidas y de fracaso al que están sometidos los nuevos proyectos empresariales[2]. Con estas inversiones se pretende facilitar el acceso al capital-semilla («seed capital») o capital de arranque para los nuevos proyectos empresariales.

Es necesario evidenciar y manifestar que las medidas fiscales a las personas físicas no son las que hacen más atractivo regresar al pueblo o empezar en una zona rural; son otros factores mucho más determinantes; siendo el primero que se genere riqueza que crea puestos de trabajo. Y junto al empleo, la vivienda también es un pilar fundamental. Y a partir de ahí es donde las medidas fiscales sí son atractivas. Por tanto, es mucho más fructífero, a los efectos que estudiamos, que los beneficios fiscales se orienten al establecimiento de empresas que generan puestos de trabajo y empleo que fijan la población. Porque si no hay progreso y desarrollo económico será difícil que las personas físicas se trasladen o se queden a vivir en territorios despoblados. No podemos dejar de señalar que los territorios están despoblados porque no hay empleo.

VI.REGULACIÓN DE LAS MEDIDAS FISCALES PARA FRENAR LA DESPOBLACIÓN EN PORTUGAL

Portugal ha regulado diversos beneficios fiscales que afectan tanto a las familias como a las empresas, con el fin de promover e incentivar las zonas del interior del país y corregir así las asimetrías regionales existentes.

Portugal, que ha introducido una serie de medidas tanto para trabajadores públicos como privados para frenar la despoblación de los territorios. Se trata de un programa denominado Trabajar en el Interior Y Dependiendo de las circunstancias, gastos de alojamiento, de transporte y de si el solicitante viaja solo o con la familia —señaló— la cuantía de las ayudas oscilará entre los 2.600 y los 4.800 euros».

Pero, ¿quién puede solicitar las ayudas? *Trabajar en el interior* está dirigido no solo a portugueses que decidan cambiar de vida en las regiones del interior, también a ciudadanos extranjeros con permiso de residencia en el país. «También a recién licenciados o a estudiantes que estén acabando sus estudios y opten por iniciar su carrera profesional fuera de las áreas urbanas de Lisboa, Oporto, Coímbra. Aveiro, Braga o Faro»

Para solicitar dichos incentivos «es obligatorio tener un contrato de trabajo en el interior de Portugal».

En los años 2011 y 2012, como consecuencia del rescate financiero de Portugal, el interior del país, sobre todo el Ribatejo, As Beiras. Alentejo, Tras-os-Montes, Alto Minho y norte del Algarve, vivió una auténtica desbandada de población, unida a la que ya se había producido décadas antes con la emigración a Suiza, Luxemburgo, Francia, Alemania e Inglaterra.

Para tratar de derribar las diferencias territoriales que se han ido generando en distintas zonas del interior de Portugal y avanzar hacia el equilibrio territorial se creó, mediante la Resolución del Consejo de Ministros número 76/2016, el Programa Nacional para la Cohesión Territorial, cuyo objetivo principal fue implantar medidas territorializadas de discriminación positiva, para promocionar el interior del país, fijando población, dinamizando económicamente las zonas más deprimidas, con el fin de reducir asimetrías regionales, que se producen en citado país de forma muy acusada entre las zonas litorales y las interiores.

El Programa de Valorización del Interior[28] con el objetivo de implementar «medidas de discriminación positiva e incentivo al desarrollo de territorios de baja densidad, con miras a la fijación de la población, la reducción de las asimetrías regionales, la cohesión y la competitividad territorial'.

El programa surge durante la revisión del Programa Nacional de Cohesión Territorial, en el que 146 de las 164 medidas ya están implementadas o en proceso, y pretende reajustar y reprogramar las iniciativas previstas para afirmar

---

28. El PNCT puede consultarse en el ANEXO I de la Resolución del Consejo de Ministros número 76/2016, disponible en: https://www.portugal.gov.pt/gc21/programas-de-acao-governativa/ programa-de-valorizacao-do- interior/aprova-o-programa-nacional-para-a-coesao-territorial1.aspx. Consulta realizada el 24 de febrero de 2022.

un interior más cohesionado, más competitivo, más sostenible más conectados y colaborativos.

Programa de Valorização do Interior que fue aprobado por la Resolución del Consejo de Ministros número 116/2018, de 6 de septiembre.

Posteriormente, el PVI fue revisado por la Resolución del Consejo de Ministros número 18/2020, de 27 de marzo, implementándose nuevas medidas denominadas +CO3SO[7], que se organizan en cuatro ejes: i) Valorizar los recursos endógenos y la capacidad empresarial del interior; ii) Promover la cooperación transfronteriza para la internalización de los bienes y servicios; iii) Captar inversiones y fijar población en el interior; iv) Hacer los territorios del interior más competitivos.

Estas medidas tributarias en forma de beneficios fiscales[8]son de diversa naturaleza, principalmente deducciones, mejoras sobre otros incentivos ya regulados previamente o reducción de los tipos de gravamen, que se aplican en el *Imposto sobre o Rendimento das Pessoas Singulares* (IRS) como en el *Imposto sobre o Rendimento das Pessoas Coletivas* (IRC), especialmente.

Los beneficios fiscales para las familias se dividen en:

— Deducción por gastos en formación y educación

Los gastos en formación y educación son deducibles en el IRS. Efectivamente, el artículo 78.º-D del Código del IRS regula la deducción por gastos en formación y educación, cuya aplicación permite a las familias portuguesas deducir el 30% de estos gastos con el límite de 800 euros la regulación de esta deducción establece que los gastos de educación y formación únicamente son deducibles cuando sean ocasionados cuando el estudiante está matriculado en centros educativos integrados en el sistema educativo nacional o reconocidos con fines similares por los ministerios competentes o por entidades reconocidas por los ministerios que supervisan el área de Formación Profesional.

Sobre qué se debe considerar gastos de formación y educación es el artículo 78.º-D 2 del Código del IRS el que detalla que se consideran tal, entre otros, los gastos para el pago de guarderías, centros docentes y las cantidades abonados en concepto de libros de texto.

Asimismo, a los efectos de esta deducción, también pueden considerarse como gastos fiscalmente deducibles los de arrendamiento que genere el denominado «estudiante desplazado», siempre que se cumplan los requisitos siguientes: i) que el estudiante sea menor de 25 años y ii) que curse sus estudios en centros que se encuentren ubicados a más de 50 kilómetros de su residencia habitual. En tales supuestos podrán deducirse en concepto de arrendamiento como máximo 300 euros anuales, incrementándose el límite máximo total de la deducción en 200 euros, es decir, pasaría de 800 euros a 1.000 euros. Para la concesión de esta deducción por gastos de arrendamiento del «estudiante desplazado», cada anualidad en la que pueda ser aplicada, se requiere el registro en el *Portal das Finanças*, informando sobre el contrato de arrendamiento suscrito, el periodo de desplazamiento y el lugar de residencia.

En consecuencia, la aplicación de la deducción del «estudiante deslocalizado» permite, de un lado, deducir un 30% de los gastos de formación y educación y, de otro, los gastos de arrendamiento, con el límite de 300 euros, sin que pueda superar el límite de los 1.000 euros.

Esta deducción, recordemos, pueden aplicarla a la hora de presentar el IRS todos los contribuyentes portugueses con miembros pertenecientes a la unidad familiar que generen este tipo de gastos, con independencia de su lugar de residencia.

Ahora bien, en el caso de familias con descendientes que estudien en centros educativos situados tanto del interior de Portugal como en las Regiones Autónomas de Azores y Madeira la deducción indicada en el artículo 78.º-D del Código del IRS es mejorada por la regulación contenida en el apartado 7 del artículo 41.º-B del EBF. Mejora que fue introducida en el EBF por la Lei número 71/2018, de 31 de diciembre, de Presupuestos para el Estado de 2019, pudiéndose aplicar desde el año 2019, que consiste en un aumento de un 10% sobre la deducción recogida en el artículo 78.º-D del Código del IRS, asimismo se eleva el límite global de la deducción hasta los 1.000 euros en el caso de arrendamientos de inmuebles.

— Deducción por cambio de residencia al territorio del interior

Como bien ha indicado PABLOS MATEOS[29], «el empleo de la fiscalidad para atraer nuevos residentes no es una cuestión novedosa. Tampoco en Portugal, país que, en el marco de los actuales paradigmas de competitividad, diseñó una estrategia fiscal con el fin de atraer nuevos contribuyentes. Ejemplo de ello es el régimen fiscal de los Residentes No Habituales del IRS, que ofrece una ventajosa tributación para los rendimientos obtenidos dentro o fuera de Portugal, o el *Programa Regressar*».

No obstante, no está dirigido a la generalidad de los no residentes, sino que está diseñado, dentro del marco de una política fiscal competitiva, para atraer a profesionales altamente cualificados de determinados sectores económicos y personas jubiladas. Para poder adquirir la condición de residente no habitual deben cumplirse, desde el punto de vista subjetivo, las siguientes condiciones: i) Adquirir la condición de residentes en Portugal; ii) No haber sido residentes en Portugal en los cinco años anteriores y iii) Tener una profesión que tenga la consideración de actividad de alto valor científico, artístico o técnico. Si se cumplen las condiciones el contribuyente podrá optar por tributar en el régimen fiscal de los RNH durante los diez años siguientes a adquirir la condición de residente no habitual. Respecto de las ventajas que ofrece este régimen son básicamente dos: de un lado, una tributación que establece un tipo de gravamen reducido, de carácter proporcional, para los rendimientos provenientes del trabajo dependiente o independiente, obtenidos en territorio portugués, que se fija

---

29. «Los beneficios fiscales en el marco del reto demográfico: el caso de Portugal», **Revista Quincena Fiscal**, nº 17/2021, BIB 2021/4862

en un 20%, y, de otro lado, la exención de los rendimientos obtenidos fuera de Portugal.»

Volviendo a las medidas fiscales tendentes a promocionar e incentivar las zonas del interior, debemos acudir nuevamente al EBF, norma en la que la Ley de Presupuestos del Estado para 2019 incorpora una segunda modificación, incluyendo una nueva deducción en el apartado 8 del artículo 41.º-B.

En este caso, se trata de favorecer fiscalmente a aquellas familias que trasladen su residencia fiscal al interior de Portugal y accedan a la vivienda mediante la firma de un contrato de arrendamiento. Concretamente, para los que tomen esta decisión se regula una deducción máxima de 1.000 en el IRS, que podrán aplicar durante tres años, siendo el primer año el de la firma del contrato de arrendamiento.

Debe advertirse que, al igual que en el caso de la deducción por gastos de educación y formación, esta regulación lo que introduce es una mejora de la deducción regulada en el artículo 78.º-E.1.a) del Código del IRS, prevista para los gastos de arrendamiento.

En términos generales, respecto de los gastos de arrendamientos de inmuebles urbanos, los contribuyentes del IRS podrán deducir un 15% de los referidos gastos con el límite de 502 euros.

Esta opción de cambio de residencia se trata de potenciar en los momentos actuales, puesto que el ámbito rural viene generando interés como destino vacacional y también residencial, de modo especial tras la crisis sanitaria provocada por la COVID-19 y la normalización del «teletrabajo». Estas circunstancias representan una oportunidad para el mundo rural, en cuanto a la posibilidad de atraer nuevos residentes, que procuran minorar los costes y ganar en calidad de vida. Por ello es imprescindible que se desarrolle adecuadamente la digitalización de las zonas rurales de modo que se garantice un acceso rápido a internet, imprescindible para hacer viable esta propuesta.

En cuanto a los **beneficios fiscales para las empresas,** siguiendo el trabajo de PABLOS MATEOS[30], consiste en la aplicación de un Tipo de gravamen reducido en *Imposto sobre o Rendimento das Pessoas Coletivas* La posibilidad de aplicar un tipo de gravamen reducido en el IRC para empresas localizadas en el interior de Portugal queda regulada en el artículo 41.º-B del EBF. Sin embargo, dicho artículo delimita un poco más el ámbito subjetivo de esta medida tributaria, pues además de la localización de la empresa en las zonas beneficiarias, se exige que las empresas sean calificadas como micro, pequeñas o medianas empresas[17], que ejerzan directa y principalmente una actividad agrícola, comercial, industrial o de prestación de servicios. Según el artículo 2.º del Anexo del Decreto-Lei número 372/2007, de 6 de noviembre, son consideradas micro, pequeñas y medianas empresas todas las que, con independencia de su localización, tengan hasta 250 empleados y su facturación anual no supere los 50 millones de euros o su balan-

---

30. Para un mayor desarrollo de esta materia, véase el trabajo ya citado de PABLOS MATEOS, F., «Los beneficios fiscales en el marco del reto demográfico: el caso de Portugal», **Revista Quincena Fiscal**, nº 17/2021, BIB 2021/4862

ce anual no supere los 43 millones de euros. El tipo de gravamen previsto para las empresas mencionadas será del 12,5%, que aplicarán sobre los primeros 25.000 euros de la base imponible. El resto de la base imponible quedará sujeta al gravamen general del IRC, es decir, a un 21%. En consecuencia, el ahorro fiscal en los primeros 25.000 euros de renta empresarial se fija en un 4,5% respecto del resto de pequeñas y medianas portuguesas que no ejerzan su actividad en las áreas beneficiarias. Esto supone una mejora respecto del tipo de gravamen específico para las pequeñas y medianas empresas portuguesas, pues, en la actualidad, el tipo de gravamen regulado en el IRC para el beneficio empresarial obtenido por las pequeñas y medianas empresas es del 17% para los primeros 25.000 euros, tributando el resto al tipo general del 21%.

Este beneficio ha sido mejorado desde su aprobación inicial. Esta mejora se produjo al ampliar la parte de la base imponible sujeta al tipo reducido. En la regulación primigenia, el tipo de gravamen del 12,5% se aplicaba a los primeros 15.000 euros de la base imponible.

La aplicación del tipo de gravamen reducido queda sometida al cumplimiento de una serie de requisitos. El primer requisito hace referencia a la exigencia de ejercer la actividad propia de la empresa y llevar a cabo la dirección efectiva en las zonas beneficiarias, es decir, las zonas del interior. Además, para poder reducir el tipo general del IRC es necesario que las empresas beneficiarias no tengan salarios atrasados, que la empresa no sea el resultado de una escisión efectuada dentro de los dos años anteriores al disfrute del beneficio fiscal y, finalmente, que la determinación de la base imponible se efectúe mediante el recurso a métodos de estimación directa o en el ámbito del régimen simplificado.

Por lo que se refiere a su aplicación, el artículo 41.º-B del EBF en su apartado tercero establece que el empleo del tipo de gravamen reducido resulta incompatible con otros beneficios fiscales que pudieran ser regulados, sin perjuicio de poder optar por otro que sea más favorable.

Analizado el tipo reducido previsto para ciertas empresas localizadas territorialmente en zonas desfavorecidas debe valorarse muy positivamente el esfuerzo que el Estado portugués ha realizado, empleando la fiscalidad como herramienta para afrontar el reto demográfico. Qué duda cabe que rebajar el tipo de gravamen puede coadyuvar a atraer nuevas empresas e incentivar la continuidad de las ya existentes. No obstante, este tipo de medidas siempre debe ser analizado a la luz de la normativa europea. Particularmente, al establecer una medida tributaria diferenciada para un territorio o área concreta es necesario traer a colación el contenido del artículo 107.1 del Tratado de Funcionamiento de la Unión Europea. Como es sobradamente conocido, en dicho artículo se indica: «Salvo que los Tratados dispongan otra cosa, serán incompatibles con el mercado interior, en la medida en que afecten a los intercambios comerciales entre Estados miembros, las ayudas otorgadas por los Estados o mediante fondos estatales, bajo cualquier forma, que falseen o amenacen falsear la competencia, favoreciendo a determinadas empresas o producciones».

Atendiendo a esta prohibición, la regulación del beneficio fiscal analizado contempla expresamente el apartado 5 del artículo 41.º-B del EBF que el mismo está sujeto a la normativa europea aplicable en relación con las ayudas de *minimis*, sin que el importe final del beneficio pueda superar dicho umbral. Es decir, el importe total de los beneficios fiscales más otros beneficios de los que las empresas afectadas pudieran ser beneficiarias no pueden superar la cantidad de 200.000 euros, en un periodo correspondiente a tres ejercicios económicos[31].

VII. LA FINANCIACIÓN DE LAS COMUNIDADES AUTÓNOMAS PARA EL FUTURO Y LA DIMENSIÓN POBLACIÓN DE LOS TERRITORIOS, SU INCIDENCIA EN LOS TRIBUTOS CEDIDOS

Creemos relevante tratar en este trabajo, en el que nos hemos referido a un impuesto cedido a las Comunidades Autónomas, hacer referencia a las nuevas directrices que van a inspirar el próximo modelo de financiación autonómica. Tomando como referencia el Informe de Expertos para la elaboración de nuevos criterios para el establecimiento del régimen de financiación de las Comunidades Autónomas presentado en diciembre de 2021, en el que se toma como punto de partido para un nuevo modelo de financiación el concepto de población ajustada, en el mismo se indica que en las últimas décadas, España ha pasado de tener una estructura política casi completamente centralizada a situarse entre los países más descentralizados de la OCDE. En la actualidad, las Comunidades Autónomas son la mayor de las Administraciones Públicas españolas, absorbiendo más de un tercio de su gasto final total y más de la mitad de su personal, y gestionando muchos de los servicios públicos con una incidencia más directa sobre el bienestar de los ciudadanos, incluyendo la sanidad, la educación y los servicios sociales.

A lo largo de estas décadas de creciente descentralización del gasto y del ingreso, el sistema de financiación del Estado autonómico ha ido evolucionando sin un diseño explícito de a dónde se quería llegar a largo plazo. En un primer momento, hubo que improvisar un modelo ad hoc basado en la transferencia de los recursos presupuestados para cada competencia que permitiese que los servicios públicos que se iban transfiriendo a las nuevas Administraciones autonómicas siguieran funcionando con normalidad. Una vez concluida esta etapa inicial, los sucesivos acuerdos de financiación se han traducido en un gradual aumento de la autonomía tributaria de las Comunidades Autónomas y en una creciente complejidad del modelo, sin llegar a resolver los problemas de equidad subyacentes. El resultado final ha sido un sistema complejo y poco transparente, con serios problemas de equidad y eficiencia.

El actual sistema de financiación de las Comunidades Autónomas de régimen común y de las Ciudades con Estatuto de Autonomía aparece regulado en la Ley

---

31. Para un mayor desarrollo de esta materia, véase el trabajo ya citado de PABLOS MATEOS, F., «Los beneficios fiscales en el marco del reto demográfico: el caso de Portugal», **Revista Quincena Fiscal**, n° 17/2021, BIB 2021/4862

22/2009, de 18 de diciembre. La financiación de la totalidad de los servicios traspasados a través de los tributos cedidos (capacidad tributaria), de la Transferencia del Fondo de Garantía de Servicios Públicos Fundamentales y del Fondo de Suficiencia Global. Además, la Ley 22/2009 establece los Fondos de Convergencia Autonómica, dotados con recursos adicionales del Estado: el Fondo de Competitividad y el Fondo de Cooperación.

El modelo de financiación vigente se encuentra obsoleto y no satisface las necesidades de las Comunidades Autónomas.

Siendo ya varias las reformas sufridas por el sistema de financiación autonómica, fruto del carácter «abierto» con que el mismo fue diseñado en la Constitución Española, nos hallamos ante un momento en que se proyecta una nueva modificación del mismo cuyo origen se encuentra, precisamente, en la mencionada flexibilidad del proceso de construcción autonómica. Ciertamente, y si los límites al poder financiero de las Comunidades Autónomas (CCAA) aparecen condicionados por la naturaleza que el texto constitucional ha dotado a su poder financiero y tributario, cabe afirmar, en línea de principio, que es aquí donde los avatares del «proceso de descentralización y los condicionamientos de carácter metajurídico ha 'enturbiado'» su análisis y proyección[2]. Ello, unido a la complejidad ínsita a la financiación autonómica derivada en buena medida de la necesidad de «armonizar» tres clases de normas, la Constitución, la Ley Orgánica de Financiación de las Comunidades Autónomas, prevista en el art. 157.3 de la CE, y los Estatutos de Autonomía, formando parte estas dos últimas normas del bloque de la constitucionalidad.

Entre las variables que se podrían incorporar para ponderar el criterio de población ajustada se encuentra la ampliación de la población que ahora se toma como base para definir los recursos que se destinan a educación. Actualmente solo se toma como referencia a los censados de entre 0 y 16 años y lo que se pretende es que se amplíe hasta los 24, que incluiría a quienes cursan FP o grados universitarios. El debate está en si se toma como base a toda la población hasta los 24 o de 0 a 16 según el dato de población y, además, a los matriculados en la educación no obligatoria.

Otro de los ajustes en los que se trabaja es en la consideración del riesgo de pobreza dentro de los recursos destinados a protección social. En cuanto a la dispersión, que es uno de los baremos que las comunidades despobladas quieren que se prime, el hecho es que este criterio incluye a todas las entidades singulares, un término administrativo que recoge todas las áreas que se considera habitables, aunque no lo estén. Los técnicos consideran que el concepto se debería revisar para que se tuvieran en cuenta únicamente las entidades habitadas y ponen como ejemplo Mieres (Asturias), en donde hay 250 entidades singulares que computan a la hora de percibir esa parte de la financiación.

Al margen de la reformulación de lo que se considere población ajustada, también se están tratando la inclusión de nuevas variables, como la renta per cápita dado que, por ejemplo, en Sanidad, las comunidades más ricas ejercen menor presión sobre el sistema público que las pobres. Entre las nuevas variables también se baraja la población flotante, por la que apuesta Baleares, donde se producen extraordinarias diferencias de población entre el invierno y el verano, cuando los servicios públicos se ven desbordados por personas que no están empadronadas en las islas y que, por tanto, no son contabilizadas a la hora del reparto de fondos. También se contempla señalar unos costes fijos, para compensar la diferencia que supone la implantación de servicios, de manera que no sea más gravosa para las comunidades pequeñas que para las grandes.

Este indicador nos proporciona un criterio operativo de equidad: si lo que buscamos es que todos los ciudadanos, con independencia de su región de residencia, puedan acceder en condiciones de igualdad a los servicios públicos que gestionan las autonomías, lo que tenemos que hacer es igualar la financiación por habitante ajustado de todas las comunidades autónomas.

En este sistema, complejo y difícil de entender para el ciudadano, se potencia la despoblación y la dispersión, pero no se tiene en cuenta la concentración de población, que también genera necesidad de gasto. En el nuevo sistema de financiación, que se propone, el reparto de la financiación autonómica beneficia a las comunidades con mayor población porque, como ha indicado CHECA GONZÁLEZ[32], utiliza el sistema de población potencial, en vez de, el sistema de población real. El sistema de población real, propone tomar la población «real», es decir, la matriculada, ya que es la que da una visión real del gasto necesario en este ámbito, es decir, de las personas que realmente hacen uso de dicho servicio.

La propuesta presentada mejora muy significativamente a Comunidades Autónomas como Aragón, Extremadura y Baleares y empeora a Galicia, Canarias y Madrid. En relación con el sistema actual, Aragón y Extremadura aumentarían sus necesidades de gasto.

---

32. Ponencia «Propuesta sobre la población ajustada "potencial"», impartida en la JORNADA «POLÍTICAS FISCALES CONTRA LA DESPOBLACIÓN» 21 de febrero de 2022 en la Facultad de Derecho de la Universidad de Extremadura.

Capítulo tercero

PROTECCIÓN DE LA BIODIVERSIDAD EN LA IMPOSICIÓN DIRECTA

I. MEDIDAS FISCALES ESTATALES CONCRETAS EN EL IMPOSICIÓN DIRECTA. ELEMENTOS AMBIENTALES EN EL IRPF

La progresiva ambientalización de las figuras de nuestro sistema tributario, no puede sino valorarse positivamente como una herramienta adicional de política ambiental en aquellos casos en los que los instrumentos fiscales se consideren eficientes para la consecución de objetivos de protección del medio ambiente y mitigación de los efectos del cambio climático.

Pero nos encontramos en un momento social en el cual el ciudadano debe ver que su actuación a favor del cuidado del medio ambiente debe verse reflejado en medidas fiscales que el contribuyente pueda palpar. Veamos a continuación cómo se regula esta materia en el Impuesto sobre la Renta de las Personas Físicas. El IRPF no es un tributo de naturaleza extrafiscal ni mucho menos ecológico, si bien eso no impide que se incorporen en su estructura elementos de naturaleza promocional y, en particular, ambiental, bien de carácter incentivador, bien de carácter penalizador. Hasta la fecha, apenas se ha contemplado la posibilidad de utilizar el IRPF como instrumento para fomentar la protección del medio ambiente[33].

Existe un amplio consenso sobre la potencialidad del tributo como un instrumento eficaz en la lucha contra la degradación del medio ambiente en tanto en cuanto puede, sobre la base del principio clásico de «quien contamina paga».

---

33. COBOS GÓMEZ, J. M., Y FERNÁNDEZ DE BUJÁN Y ARRANZ, A., «La (escasa) ambientalización del IRPF en la reforma fiscal: promoción de los vehículos energéticamente eficientes», **Revista Aranzadi Doctrinal** num.3/2016 BIB 2016\734.

La necesidad de un IRPF eficiente y la fiscalidad del ahorro paga», desincentivar conductas perjudiciales para el entorno y, a la inversa, fomentar e incentivar otras más acordes con la racional utilización de los recursos. Dichos objetivos se pueden lograr con la creación de nuevos tributos ambientales, pero también con la revisión de las figuras tributarias actualmente existentes, que en su origen no fueron diseñadas para la protección del medio ambiente, mediante la incorporación de elementos ambientales.

Encontramos en el IRPF la introducción de una reducción del 30% en la valoración de retribución en especie consistente en la cesión de uso de vehículos energéticamente eficientes. Esta es la única medida de carácter ambiental que preveía el Proyecto de Ley y que finalmente ha recogido la Ley 26/2014, de 27 de noviembre, por la que se modifican la Ley 35/2006, de 28 de noviembre, del Impuesto sobre la Renta de las Personas Físicas, el texto refundido de la Ley del Impuesto sobre la Renta de No Residentes, aprobado por el Real Decreto Legislativo 5/2004, de 5 de marzo, y otras normas tributarias.

Con fecha 28 de noviembre de 2014 se publicó en el Boletín Oficial del Estado la Ley 26/2014, que, entre otras medidas, modificó la Ley 35/2006, de 28 de noviembre, del Impuesto sobre la Renta de las Personas Físicas, el texto refundido de la Ley del Impuesto sobre la Renta de No Residentes, aprobado por el Real Decreto Legislativo 5/2004, de 5 de marzo, y otras normas tributarias.

Como indica su Preámbulo, mediante la Ley 26/2014 se introduce en el IRPF una medida con la que se pretende mejorar el medio ambiente, consistente en la reducción de la tributación de los rendimientos del trabajo en especie derivado de la cesión de uso de vehículos menos contaminantes.

La novedad de la reforma fiscal es que la valoración resultante de lo previsto en este supuesto se podrá reducir hasta en un 30 por ciento cuando se trate de vehículos considerados eficientes energéticamente, en los términos y condiciones que se determinen reglamentariamente.

Cesión de uso del vehículo y posterior entrega: la valoración del uso se efectuará conforme a la regla anterior y la valoración de la entrega se efectuará teniendo en cuenta la valoración resultante del uso anterior.

En definitiva, tanto en el supuesto de la letra b) como en el de la letra f) del artículo 43.1.1° de la LIRPF, la valoración resultante de la cesión del uso de vehículos considerados eficientes energéticamente se podrá reducir hasta en un 30 por ciento, en los términos y condiciones que se determinen reglamentariamente.

Dicho desarrollo reglamentario se ha producido por el Real Decreto 633/2015, de 10 de julio, por el que se modifican el Reglamento del Impuesto sobre la Renta de las Personas Físicas, aprobado por el Real Decreto 439/2007, de 30 de marzo, y el Reglamento del Impuesto sobre la Renta de no Residentes, aprobado por el Real Decreto 1776/2004, de 30 de julio. Esta norma reglamentaria introduce un nuevo artículo 48 bis, con el título «Reducción de la valoración de los rendimientos del trabajo en especie derivados de la cesión de uso de vehículos automóviles eficientes energéticamente», con el objeto de especificar qué vehículos tienen la consideración de eficientes energéticamente de cara a cuantificar el importe de la retribución en especie.

Entrando en el contenido de este precepto, nos encontramos con tres niveles diferentes de reducción, incrementales en función de la tipología de vehículo y de que el valor del vehículo no exceda de determinados límites[34].

I.1. Reducción del 15%

La valoración de los rendimientos del trabajo en especie correspondientes a la cesión de uso de vehículos automóviles se reducirá en un 15 por ciento cuando se trate de vehículos que cumplan tres requisitos:

Que cumplan los límites de emisiones europeos previstos en el anexo I del Reglamento (CE) n.º 715/2007 del Parlamento Europeo y del Consejo, de 20 de junio de 2007, sobre la homologación de tipo de los vehículos de motor por lo que se refiere a las emisiones procedentes de turismos y vehículos comerciales ligeros (Euro 5 y Euro 6) y sobre el acceso a la información relativa a la reparación y el mantenimiento de los vehículos.

Que sus emisiones oficiales de $CO2$ no sean superiores a 120 g/km y que el valor de mercado que correspondería al vehículo si fuera nuevo, antes de impuestos, no sea superior a 25.000 euros.

La redacción prevista en el Proyecto de Real Decreto era distinta, al no prever límite cuantitativo alguno a la valoración del vehículo, pero exigir adicionalmente que el vehículo tuviera motor térmico de potencia inferior a 130 CV.

I.2. Reducción del 20%

La valoración de los rendimientos del trabajo en especie correspondientes a la cesión de uso de vehículos automóviles se reducirá en un 20 por ciento cuando se trate de vehículos que cumplan dos requisitos adicionales a los que dan derecho a la reducción del 15%:

Que se trate de vehículos híbridos o propulsados por motores de combustión interna que puedan utilizar combustibles fósiles alternativos (autogás —GLP— y Gas Natural). Los «vehículos híbridos» se definen en el Reglamento (CE) 715/2007 como aquellos con al menos dos convertidores de energía diferentes y dos sistemas de almacenamiento de energía diferentes (en el vehículo) con fines de propulsión del vehículo

Que el valor de mercado que correspondería al vehículo si fuera nuevo, antes de impuestos, no sea superior a 35.000 euros. Esta exigencia no se preveía en el Proyecto de Real Decreto.

Estos requisitos son concurrentes, por lo que el incumplimiento de cualquiera de ellos impediría beneficiarse de la reducción del 20% y, en su caso, única-

---

34. COBOS GÓMEZ, J. M., y FERNÁNDEZ DE BUJÁN Y ARRANZ, A., «La (escasa) ambientalización del IRPF en la reforma fiscal: promoción de los vehículos energéticamente eficientes», **Revista Aranzadi Doctrinal** num.3/2016 BIB 2016\734.

mente se podría disfrutar de la reducción del 15%. No obstante, obsérvese que, dado que el límite cuantitativo para la valoración a mercado del vehículo es superior en este segundo caso, el incumplimiento del requisito indicado en la letra b) anterior (esto es, aquellos vehículos cuyo valor sea superior a 35.000 euros) no podrán disfrutar de ninguna reducción, puesto que automáticamente estarían incumpliendo el requisito cuantitativo para la valoración del vehículo previsto para la reducción del 15%.

I.3. Reducción del 30%

Finalmente, la reducción será del 30 por ciento cuando se trate de cualquiera de las siguientes categorías de vehículos:

— Vehículo eléctrico de batería (BEV).
— Vehículo eléctrico de autonomía extendida (E-REV).
— Vehículo eléctrico híbrido enchufable (PHEV) con una autonomía mínima de 15 kilómetros siempre que, en este caso, el valor de mercado que correspondería al vehículo si fuera nuevo, antes de impuestos, no sea superior a 40.000 euros.

Por lo que se refiere a este tercer tipo de vehículo (PHEV), el Proyecto de Real Decreto restringía el ámbito del incentivo al exigir una autonomía mínima de 40 kilómetros, pero no establecía exigencia alguna en relación con la valoración del vehículo.

También encontramos una norma que incide en la preservación del medioambiente en la exención prevista en el artículo 42.3 de la LIRPF para los rendimientos del trabajo en especie derivados de las cantidades satisfechas por el empleador a las entidades encargadas de prestar el servicio público de transporte colectivo de viajeros con la finalidad de favorecer el desplazamiento de los empleados entre su lugar de residencia y el centro de trabajo, con el límite de 1.500 euros anuales para cada trabajador. El citado precepto contempla, asimismo, la posibilidad de aplicar la exención a las fórmulas indirectas de pago que cumplan determinadas condiciones reglamentarias.

En relación con los rendimientos derivados de actividades empresariales, encontramos únicamente dos medidas ambientales en la LIRPF, ambas relacionadas con las actividades forestales. Por una parte, no se integrarán en la base imponible del IRPF las subvenciones concedidas a quienes exploten fincas forestales gestionadas de acuerdo con planes técnicos de gestión forestal, ordenación de montes, planes dasocráticos o planes de repoblación forestal aprobadas por la Administración forestal competente, siempre que el período de producción medio, según la especie de que se trate, determinado en cada caso por la Administración forestal competente, sea igual o superior a 20 años (disposición adicional cuarta de la LIRPF). Por otra parte, se prevé la posibilidad de aplicar la reducción por rendimientos irregulares a las rentas procedentes de las actividades forestales, considerando el prolongado tiempo que media entre la plantación del arbolado y su tala (artículo 32 de la LIRPF). Durante la tramitación parlamentaria de la Ley 26/2014 se propuso la introducción de una deducción del 30% por las inversiones y gastos realizados en fincas forestales ordenadas y planificadas, si bien este incentivo no vio finalmente la luz.

Frente a la ausencia de incentivos estatales específicamente orientados a la sostenibilidad ambiental, diversas Comunidades Autónomas, haciendo uso de sus competencias normativas, han establecido deducciones en el tramo autonómico del IRPF que podemos agrupar en cuatro categorías: —deducciones por donaciones con finalidad ecológica, —deducciones relacionadas con inversiones ambientales; —deducciones relacionadas con la movilidad sostenible21; y deducciones relacionadas con el patrimonio natural.

II. ELEMENTOS AMBIENTALES EN EL IMPUESTO SOBRE SOCIEDADES

En el Impuesto sobre Sociedades (IS), existen varios elementos ambientales que permiten a las empresas reducir su carga fiscal cuando adoptan medidas sostenibles o realizan inversiones que benefician al medio ambiente.

1. Deducciones por inversiones medioambientales

— ¿Qué es?: Reducción en la cuota del impuesto si la empresa invierte en instalaciones que mejoran la protección ambiental.
— Ejemplos de inversiones deducibles:

- Sistemas de tratamiento de residuos.
- Reducción de emisiones contaminantes (CO^2, gases industriales).
- Energías renovables (solar, eólica).
- Ahorro y eficiencia energética.

— Base de la deducción: Un porcentaje sobre el coste de la inversión (en algunos casos, del 8% al 20%, dependiendo de la normativa aplicable y del tipo de inversión).

Este tipo de deducción fue derogado en 2015 para nuevas inversiones, pero sigue aplicándose en régimen transitorio a inversiones anteriores. No obstante, algunas comunidades autónomas o sectores tienen incentivos específicos.

2. Amortización acelerada de activos ambientales

— ¿Qué es?: Permite amortizar más rápidamente bienes relacionados con la protección del medio ambiente.

— Ventaja fiscal: Disminuye la base imponible más rápido, reduciendo el impuesto a pagar en los primeros años.
— Aplicable a:

- Vehículos eléctricos o híbridos.
- Equipos de eficiencia energética.
- Instalaciones de autoconsumo renovable.

3.   Reserva de capitalización y reserva de nivelación, medidas previstas para las PYMES
Aunque no son específicamente ambientales, estas reservas:

— Favorecen a empresas sostenibles al permitir una menor tributación si se reinvierten beneficios, por ejemplo, en mejoras ambientales o en I+D verde.

4.   Bonificaciones y deducciones por actividades de I+D+i ambiental

— I+D+i Verde: Las empresas que desarrollan tecnologías limpias, productos ecológicos o innovación en sostenibilidad pueden deducirse parte de los gastos en estas actividades.
— Porcentaje deducible: Hasta el 42% en algunos casos (si se considera I+D y no solo innovación tecnológica.

5.   Otras medidas indirectas

— No deducibilidad de gastos ambientales sancionables: Los costes derivados de multas medioambientales o restauraciones impuestas por la administración no son deducibles.
— Incentivos autonómicos o sectoriales: Algunas comunidades autónomas tienen sus propios incentivos fiscales a la inversión Verde.

El Impuesto sobre Sociedades incorpora elementos ambientales para fomentar que las empresas:

— Inviertan en sostenibilidad.
— Reduzcan su impacto ecológico.
— Innoven en tecnologías limpias.

Aunque algunas deducciones se han reducido o eliminado en el régimen general, siguen existiendo mecanismos relevantes (como la amortización acelerada o las deducciones por I+D+i) que promueven la responsabilidad ambiental en el entorno empresarial.

Capítulo cuarto
Hacienda local y biodiversidad

I. INTRODUCCIÓN

La hacienda local y la biodiversidad están conectadas de forma muy relevante, aunque no siempre sea visible a primera vista. Las entidades locales (ayuntamientos y diputaciones) juegan un papel clave en la protección del medio ambiente y la biodiversidad; por tratarse de las administraciones que prestan servicios más directos a los ciudadanos, servicios basados en el medio ambiente, como son, entre otros, recogida de residuos, abastecimiento de aguas, transporte[35].

Para la redacción de este epígrafe vamos a seguir el trabajo de Bernad Fures[36], quien ha recogido las normas marco fundamentales:

La Convención Marco de las Naciones Unidas sobre el Cambio Climático, representó un reconocimiento fundamental del cambio climático como una preocupación global de gran envergadura, derivada del incremento de los gases de efecto invernadero y sus consecuencias negativas. En respuesta a esta amenaza, la Convención estableció un marco para que los países promovieran el desarrollo y la implementación de tecnologías y prácticas orientadas a mitigar las emisiones de gases de efecto invernadero, con una atención particular en sectores clave como el del transporte. Posteriormente, el Protocolo de Kioto, tradujo los compromisos generales de la Convención en obligaciones concretas, imponiendo a los países desarrollados limitaciones específicas de emisiones de gases de efecto invernadero, que debían ser cumplidas durante el primer período de compromiso, comprendido entre los años 2008 y 2012. Este protocolo fue el primer paso

---

35. Véase el trabajo de CASAS AGUDO, D., quien realiza un estudio sobre la relación entre la Hacienda local y el medio ambiente, Eficiencia energética y fiscalidad municipal de la vivienda. Especial consideración de los incentivos a la energía solar (I), **Revista Española de Derecho Financiero** nº 206, segundo trimestre de 2025.

36. «La fiscalidad como motor de cambio en la movilidad sostenible», Revista Quincena Fiscal, Nº 22, Sección Estudios, Quincena del 16 al 31 diciembre 2024, Editorial: Aranzadi

firme hacia la materialización de los objetivos acordados en el marco de la Convención. Además, la Enmienda de Doha al Protocolo de Kioto, extendió la vigencia y el alcance de estos compromisos a un segundo período de compromiso, comprendido entre los años 2013 y 2020, reflejando una ambición renovada para continuar con la reducción de emisiones. En una dirección similar, el Acuerdo de París, representa un compromiso global sin precedentes en la lucha contra el cambio climático. Este acuerdo insta a todos los países firmantes, independientemente de su nivel de desarrollo, a desarrollar y aplicar acciones concretas para la reducción de sus emisiones de gases de efecto invernadero.

A su vez, debemos destacar la Comunicación de la Comisión al Consejo y al Parlamento europeo, del 20 de diciembre de 1995, estrategia comunitaria para reducir las emisiones de CO_2, producidas por los automóviles y potenciar el ahorro de energía, pues ya por aquel entonces se ponían de manifiesto cuestiones que siguen presentes en plena actualidad. En dicha comunicación se afirmaba que la reducción de las emisiones de CO_2 solo podría lograrse mediante una mejora significativa en el rendimiento del combustible en el sector del transporte. Para ello, se consideraba la posibilidad de establecer acuerdos con la industria automotriz con el objetivo de fabricar vehículos menos contaminantes, así como priorizar la investigación y el desarrollo de tecnologías que optimicen la eficiencia de los vehículos desde un punto de vista medioambiental, tales como los sistemas de pila de combustible o las baterías eléctricas. Además, se contemplaba un conjunto de medidas fiscales vinculadas a las emisiones de CO_2, aplicables a los principales impuestos que gravan los vehículos, como los impuestos sobre la adquisición, matriculación y circulación, con las que se pretende aumentar la carga fiscal de los coches que resulten más contaminantes, siendo la finalidad última incentivar a los consumidores a optar por vehículos más sostenibles desde el punto de vista del ahorro fiscal que ello supone.

Las anteriores declaraciones constituyen la antesala para la transición a la movilidad sostenible, pues no solo contribuyeron a sensibilizar a nivel global sobre la gravedad del problema, sino que también marcaron el inicio de acciones concretas encaminadas a reducir las emisiones de CO_2 en el sector del transporte y a promover el desarrollo de tecnologías más limpias y eficientes. En este contexto, se han desarrollado una gran variedad de políticas, medidas e informes que tienen como objetivo guiar y apoyar la implementación de prácticas sostenibles dentro del sector del transporte. No obstante, el propósito de este trabajo no es realizar un recorrido cronológico exhaustivo de la amplitud de estas iniciativas, sino acercarnos al contexto actual de la movilidad sostenible.

La movilidad sostenible se encuentra enmarca dentro la Agenda 2030, en consonancia con su Objetivo de Desarrollo Sostenible 11 relativo a lograr que las ciudades y los asentamientos humanos sean inclusivos, seguros, resilientes y sostenibles. El transporte ocupa un lugar fundamental en este objetivo como elemento transversal para la consecución del mismo, en la medida que este resulta indispensable para garantizar el acceso a las ciudades y el desplazamiento de la población, pero que al mismo tiempo requiere conservar los niveles de calidad del aire (10) . A su vez, también encontramos encuadre de la movilidad sostenible en el Objetivo de Desarrollo Sostenible 13 referente a la adopción de medidas urgentes contra el cambio climático, dado que el sector del transporte es uno de los mayores contribuyentes a las emisiones globales de gases de efecto invernadero, principalmente a través del uso extendido de vehículos de combustión interna.

Por su parte, el Pacto Verde como instrumento para la consecución de los Objetivos de Desarrollo Sostenible de la Agenda 2030, sostiene que el transporte debe orientarse hacia una movilidad Cero Emisiones, siendo este el objetivo establecido para 2050, lo que indudablemente lleva a considerar el vehículo eléctrico como alternativa a los tradicionales vehículos de combustión. Así pues, se pretende que para 2050 el conjunto de emisiones vehiculares sea cero, lo que implícitamente supone que el parque de vehículos en circulación se componga única y exclusivamente de vehículos eléctricos.

En esta línea, la regulación de los vehículos ha experimentado una profunda transformación encaminada a reducir y eliminar las emisiones procedentes de los vehículos. Si bien la pionera Directiva 2008/50/CE instaba al establecimiento de Zonas de Bajas Emisiones en áreas urbanas para mejorar la calidad del aire, con la posibilidad de establecer restricciones al tráfico, las actuales políticas de la UE se orientan a la Cero Emisión. Sin embargo, esta transición a una movilidad sostenible de cero emisiones debe realizarse progresivamente, y aunque su futuro aún resulte incierto, ya se ha avanzado en su consecución a través de regulaciones más estrictas y nuevas normativas que tienen por finalidad última proporcionar un impulso al vehículo eléctrico.

Por un lado, las Normas Euro tienen por objeto limitar las emisiones de gases contaminantes de los vehículos nuevos mediante la concreción de límites específicos en las emisiones individuales de estos. Dichas normas imponen restricciones claras sobre las emisiones de gases de efecto invernadero y establecen los procedimientos y sistemas de medición necesarios para garantizar que los vehículos cumplan con los estándares exigidos en condiciones reales de uso, y no únicamente en pruebas de laboratorio. El propósito de estas normas es reducir la contaminación derivada de las emisiones de los vehículos, imponiendo a los fabricantes la obligación de cumplir con dichos límites bajo la amenaza de sanciones significativas. Por otro lado, El Reglamento (UE) 2019/631 abordar el volumen de emisiones total del parque de vehículos nuevo. El precitado Reglamento tiene por objeto incidir en el volumen de emisiones del parque de vehículos en su conjunto y reducir el volumen total de emisiones, imponiendo a los fabricantes de vehículos que el conjunto de emisiones medias de sus vehículos no supere determinados umbrales de contaminación, bajo sanciones por exceso de emisión.

El aumento del uso de los vehículos hace necesario que para neutralizar las emisiones se deba incidir desde una perspectiva individual y global. De este modo, las limitaciones en las emisiones individuales de los vehículos nuevos deben ir acompañada de limitaciones en las emisiones del conjunto de vehículos nuevos. Las anteriores regulaciones establecen un marco jurídico orientado a la producción de vehículos sostenibles y al desarrollo de tecnologías más limpias, contribuyendo con ello al alcance de los objetivos medioambientales previstos. Adicionalmente, el Reglamento (UE) 2023/851 se enmarca en el avance progresivo de la movilidad sostenible, pues si el Pacto Verde contempla que en el 2050 el total del parque de vehículos en circulación debe ser eléctrico, el mencionado Reglamento viene a disponer que a partir de 2035 solo se podrán fabricar vehículos eléctricos, por lo que se prohíbe la venta de vehículos nuevos de combustión tradicional. Por tanto, este reglamento emerge como una hoja de ruta hacia la transición de la electrificación del parque de vehículos.

En virtud de lo expuesto queda reflejada la voluntad de la UE de implantar el vehículo eléctrico. Sin embargo, queda otra cuestión pendiente que es incentivar la adquisición de estos vehículos sostenibles, pues, aunque el marco regulatorio está claramente orientado hacia la electrificación, el éxito de esta transición dependerá en gran medida de la aceptación generalizada de los vehículos eléctricos por parte de los consumidores. De este modo, la fiscalidad del automóvil puede influir significativamente en la decisión de compra de los consumidores y en la viabilidad económica de los vehículos eléctricos, haciendo más atractivo su adquisición, propiedad y uso a lo largo del tiempo.

II. FUNDAMENTO JURÍDICO DE LA HACIENDA LOCAL

Tienen la consideración de bases del Régimen Jurídico Financiero de la Administración Local, dictadas al amparo del artículo 149.1.18ª de la Constitución, los preceptos contenidos en la presente Ley, salvo los que regulan el sistema tributario local, dictados en virtud de lo dispuesto en el artículo 133 de la Constitución y a efectos de lo previsto en el artículo 5,E),a), de la Ley 7/1985, de 2 de abril, Reguladora de las Bases del Régimen Local, y los que desarrollan las participaciones en los tributos del Estado a que se refiere el artículo 142 de la Constitución; todo ello sin perjuicio de las competencias exclusivas que corresponden al Estado en virtud de lo dispuesto en el artículo 149.1.14ª. de la Constitución.

Se aplicará en todo el territorio nacional, sin perjuicio de los regímenes financieros forales de los Territorios Históricos del País Vasco y Navarra.

La Hacienda de las Entidades locales estará constituida por los siguientes recursos:

a) Los ingresos procedentes de su patrimonio y demás de Derecho privado.
b) Los tributos propios clasificados en tasas, contribuciones especiales e impuestos y los recargos exigibles sobre los impuestos de las Comunidades Autónomas o de otras Entidades locales.
c) Las participaciones en los tributos del Estado y de las Comunidades Autónomas.
d) Las subvenciones.
e) Los percibidos en concepto de precios públicos.
f) El producto de las operaciones de crédito.

g) El producto de las multas y sanciones en el ámbito de sus competencias.

h) Las demás prestaciones de Derecho público.

Para la cobranza de los tributos y de las cantidades que como ingresos de Derecho público, tales como prestaciones patrimoniales de carácter público no tributarias, precios públicos, y multas y sanciones pecuniarias, debe percibir la Hacienda de las Entidades locales de conformidad con lo previsto en el apartado anterior, dicha Hacienda ostentará las prerrogativas establecidas legalmente para la Hacienda del Estado, y actuará, en su caso, conforme a los procedimientos administrativos correspondientes. Remisión a la normativa de la Ley General Tributaria.

Son ingresos de Derecho privado de las Entidades locales los rendimientos o productos de cualquier naturaleza derivados de su patrimonio, así como las adquisiciones a título de herencia, legado o donación.

A estos efectos, se considerará patrimonio de las Entidades locales el constituido por los bienes de su propiedad, así como por los derechos reales o personales de que sean titulares, susceptibles de valoración económica, siempre que unos y otros no se hallen afectos al uso o servicio público. En ningún caso tendrán la consideración de ingresos de Derecho privado los que procedan, por cualquier concepto, de los bienes de dominio público local.

Tendrán también la consideración de ingresos de Derecho privado el importe obtenido en la enajenación de bienes integrantes del patrimonio de las Entidades Locales como consecuencia de su desafectación como bienes de dominio público y posterior venta, aunque hasta entonces estuvieran sujetos a concesión administrativa. En tales casos, salvo que la Legislación de desarrollo de las Comunidades Autónomas prevea otra cosa, quien fuera el último concesionario antes de la desafectación tendrá derecho preferente de adquisición directa de los bienes sin necesidad de subasta pública.

Régimen jurídico de los ingresos de derecho privado

La efectividad de los derechos de la Hacienda local comprendidos en este capítulo se llevará a cabo con sujeción a las normas y procedimientos del Derecho privado.

Los ingresos procedentes de la enajenación o gravamen de bienes y derechos que tengan la consideración de patrimoniales no podrán destinarse a la financiación de gastos corrientes, salvo que se trate de parcelas sobrantes de vías públicas no edificables o de efectos no utilizables en servicios municipales o provinciales.

Los tributos que establezcan las Entidades locales respetarán, en todo caso, los siguientes principios:

a) No someter a gravamen bienes situados, actividades desarrolladas, rendimientos originados ni gastos realizados fuera del territorio de la respectiva Entidad.

b) No gravar, como tales, negocios, actos o hechos celebrados o realizados fuera del territorio de la Entidad impositora, ni el ejercicio o la transmisión de bienes, derechos u obligaciones que no hayan nacido ni hubieran de cumplirse en dicho territorio.

c) No implicar obstáculo alguno para la libre circulación de personas, mercancías o servicios y capitales, ni afectar de manera efectiva a la fijación de la residencia de las personas o a la ubicación de Empresas y capitales dentro del territorio español, sin que ello, obste para que las Entidades locales puedan instrumentar la ordenación urbanística de su territorio.

De conformidad con lo dispuesto en el artículo 106.3 de la Ley 7/1985, de 2 de abril, Reguladora de las Bases del Régimen Local, las Entidades locales podrán delegar en la Comunidad Autónoma o en otras Entidades locales en cuyo territorio estén integradas, las facultades de gestión, liquidación, inspección y recaudación tributarias que la presente Ley les atribuye.

Asimismo, las Entidades locales podrán delegar en la Comunidad Autónoma o en otras Entidades locales en cuyo territorio estén integradas, las facultades de gestión, liquidación, inspección y recaudación de los restantes ingresos de Derecho público que les correspondan.

El acuerdo que adopte el Pleno de la Corporación habrá de fijar el alcance y contenido de la referida delegación y se publicará, una vez aceptada por el órgano correspondiente de gobierno, referido siempre al Pleno, en el supuesto de Entidades locales en cuyo territorio estén integradas en los «Boletines Oficiales de la Provincia y de la Comunidad Autónoma», para general conocimiento.

El ejercicio de las facultades delegadas habrá de ajustarse a los procedimientos, trámites y medidas en general, jurídicas o técnicas, relativas a la gestión tributaria que establece la presente Ley y, supletoriamente, a las que prevé la Ley General Tributaria. Los actos de gestión que se realicen en el ejercicio de dicha delegación serán impugnables con arreglo al procedimiento que corresponda al Ente gestor, y, en último término, ante la Jurisdicción Contencioso-Administrativa.

Las facultades delegadas serán ejercidas por el órgano de la Entidad delegada que proceda conforme a las normas internas de distribución de competencias propias de dicha Entidad.

Las Entidades que hayan asumido por delegación de una Entidad local todas o algunas de las facultades de gestión, liquidación, inspección y recaudación de todos o algunos de los tributos o recursos de Derecho público de dicha Entidad local, podrán ejercer tales facultades delegadas en todo su ámbito territorial e incluso en el de otras Entidades locales que no le hayan delegado tales facultades.

Las facultades de delegación son muy amplias: O.G.R. Mérida delegación a la «carta», e incluso fases o expedientes de recaudación; por fases, por cuantías, por tener la misma condición de deudor de ambas administraciones.

III. PRINCIPIOS TRIBUTARIOS EN EL ÁMBITO DE LAS HACIENDAS LOCALES

Principio de colaboración entre administraciones publicas

Las Administraciones Tributarias del Estado, de las Comunidades Autónomas y de las Entidades locales colaborarán en todos los órdenes de gestión, liquidación, inspección y recaudación de los tributos locales. De igual modo, las Administraciones a que se refiere el párrafo anterior colaborarán en todos los órdenes de gestión, liquidación, inspección y recaudación de los restantes ingresos de Derecho público de las Entidades Locales.

En particular, dichas Administraciones:

a) Se facilitarán toda la información que mutuamente se soliciten y, en su caso, se establecerá, a tal efecto la intercomunicación técnica precisa a través de los respectivos Centros de Informática.

b) Se prestarán recíprocamente, en la forma que reglamentariamente se determine, la asistencia que interese a los efectos de sus respectivos cometidos y los datos y antecedentes que se reclamen.

c) Se comunicarán inmediatamente, en la forma que reglamentariamente se establezca, los hechos con trascendencia para los tributos y demás recursos de derecho público de cualquiera de ellas, que se pongan de manifiesto como consecuencia de actuaciones comprobadoras e investigadoras de los respectivos servicios de inspección.

d) Podrán elaborar y preparar planes de inspección conjunta o coordinada sobre objetivos, sectores y procedimientos selectivos.

Principio de Territorialidad

Las actuaciones en materia de inspección o recaudación ejecutiva que hayan de efectuarse fuera del territorio de la respectiva Entidad local en relación con los ingresos de Derecho público propios de ésta serán practicadas por los órganos competentes de la correspondiente Comunidad Autónoma cuando deban realizarse en el ámbito territorial de ésta, y por los órganos competentes del Estado en otro caso, previa solicitud del Presidente de la Corporación.

Las Entidades que, al amparo de lo previsto en este artículo, hayan establecido fórmulas de colaboración con Entidades locales para la gestión, liquidación, inspección y recaudación de los tributos y demás ingresos de Derecho público propios de dichas Entidades locales, podrán desarrollar tal actividad colaboradora en todo su ámbito territorial e incluso en el de otras Entidades locales con las que no hayan establecido fórmula de colaboración alguna.

IV. BENEFICIOS FISCALES EN EL ÁMBITO DE LAS HACIENDAS LOCALES

Sólo pueden reconocerse beneficios fiscales en los tributos locales que los expresamente previstos en las normas con rango de Ley o los derivados de la aplicación de los Tratados internacionales.

No obstante, también podrán reconocerse los beneficios fiscales que las entidades locales establezcan en sus ordenanzas fiscales en los supuestos expresamente previstos por la Ley. En particular, y en las condiciones que puedan prever dichas ordenanzas, éstas podrán establecer una bonificación de hasta el 5 por 100 de la cuota a favor de los sujetos pasivos que domicilien sus deudas de vencimiento periódico en una entidad financiera, (¿ debe entenderse todas las deudas de vencimiento periódico?) anticipen pagos o realicen actuaciones que impliquen colaboración en la recaudación de ingresos.

Las Leyes por las que se establezcan beneficios fiscales en materia de tributos locales determinarán las fórmulas de compensación que procedan; dichas fórmulas tendrán en cuenta las posibilidades de crecimiento futuro de los recursos de las Entidades locales procedentes de los tributos respecto de los cuales se establezcan los mencionados beneficios fiscales.

V. NORMAS DE REMISIÓN PARA APLICACIÓN DE LEGISLACIÓN DEL ESTADO: LGT

En la exacción de los tributos locales y de los restantes ingresos de derecho público de las entidades locales, los recargos e intereses de demora se exigirán y determinarán en los mismos casos, forma y cuantía que en la exacción de los tributos del Estado.

Cuando las ordenanzas fiscales así lo prevean, no se exigirá interés de demora en los acuerdos de aplazamiento o fraccionamiento de pago que hubieran sido solicitados en período voluntario, en las condiciones y términos que prevea la ordenanza, siempre que se refieran a deudas de vencimiento periódico y notificación colectiva y que el pago total de las mismas se produzca en el mismo ejercicio que el de su devengo.

En materia de tributos locales, se aplicará el régimen de infracciones y sanciones regulado en la Ley General Tributaria y en las disposiciones que la complementen y desarrollen, con las especificaciones que resulten de la presente Ley y las que, en su caso, se establezcan en las Ordenanzas fiscales al amparo de la Ley.

La gestión, liquidación, inspección y recaudación de los tributos locales se realizará de acuerdo con lo prevenido en la Ley General Tributaria, en la Ley de Derechos y Garantías del Contribuyente y en las demás Leyes del Estado reguladoras de la materia, así como en las disposiciones dictadas para su desarrollo.

A través de sus Ordenanzas fiscales las Entidades locales podrán adaptar la normativa a que se refiere el apartado anterior al régimen de organización y funcionamiento interno propio de cada una de ellas, sin que tal adaptación pueda contravenir el contenido material de dicha normativa.

VI. CONTENIDO DE LAS ORDENANZAS FISCALES

a) La determinación del hecho imponible, sujeto pasivo, responsables, exenciones, reducciones y bonificaciones, base imponible y liquidable, tipo de gravamen o cuota tributaria, período impositivo y devengo.
b) Los regímenes de declaración y de ingreso.
c) Las fechas de su aprobación y del comienzo de su aplicación.

Los acuerdos de modificación de dichas Ordenanzas deberán contener la nueva redacción de las normas afectadas y las fechas de su aprobación y del comienzo de su aplicación.

Los acuerdos provisionales adoptados por las Corporaciones locales para el establecimiento, supresión y ordenación de tributos y para la fijación de los elementos necesarios en orden a la determinación de las respectivas cuotas tributarias, así como, las aprobaciones y modificaciones de las correspondientes Ordenanzas fiscales, se expondrán en el tablón de anuncios de la Entidad durante treinta días, como mínimo, dentro de los cuales los interesados podrán examinar el expediente y presentar las reclamaciones que estimen oportunas.

Las Entidades locales publicarán, en todo caso, los anuncios de exposición en el «Boletín Oficial» de la Provincia, o, en su caso, en el de la Comunidad Autónoma uniprovincial. Las Diputaciones Provinciales, los órganos de gobierno de las Entidades supramunicipales y los Ayuntamientos de población superior a 10.000 habitantes deberán publicarlos, además, en un diario de los de mayor difusión de la Provincia, o de la Comunidad Autónoma uniprovincial.

Finalizado el período de exposición pública, las Corporaciones locales adoptarán los acuerdos definitivos que procedan, resolviendo las reclamaciones que se hubieran presentado y aprobando la redacción definitiva de la Ordenanza, su derogación o las modificaciones a que se refiera el acuerdo provisional. En el caso de que no se hubieran presentado reclamaciones, se entenderá definitivamente adoptado el acuerdo, hasta entonces provisional, sin necesidad de acuerdo plenario.

En todo caso, los acuerdos definitivos a que se refiere el apartado anterior, incluyendo los provisionales elevados automáticamente a tal categoría, y el texto íntegro de las Ordenanzas o de sus modificaciones, habrán de ser publicados en el «Boletín Oficial» de la Provincia o, en su caso, de la Comunidad Autónoma uniprovincial, sin que entren en vigor hasta que se haya llevado a cabo dicha publicación.

Las Diputaciones Provinciales, Consejos, Cabildos Insulares y, en todo caso, las demás Entidades locales cuando su población sea superior a 20.000 habitantes, editarán el texto íntegro de las Ordenanzas fiscales reguladoras de sus tributos dentro del primer cuatrimestre del ejercicio económico correspondiente.

En todo caso, las Entidades locales habrán de expedir copias de las Ordenanzas fiscales publicadas a quienes las demanden.

Legitimación para recurrir: Tendrán la consideración de interesados:

a) Los que tuvieran un interés directo o resulten afectados por tales acuerdos.

b) Los Colegios Oficiales, Cámaras Oficiales, Asociaciones y demás Entidades legalmente constituidas para velar por los intereses profesionales, económicos o vecinales, cuando actúen en defensa de los que les son propios.

Las Ordenanzas fiscales de las Entidades Locales regirán durante el plazo, determinado o indefinido, previsto en las mismas, sin que quepa contra ellas otro recurso que el contencioso-administrativo que se podrá interponer, a partir de su publicación en el «Boletín Oficial» de la provincia, o, en su caso, de la Comunidad Autónoma uniprovincial, en la forma y plazos que establecen las normas reguladoras de dicha Jurisdicción.

Si por resolución judicial firme resultaren anulados o modificados los acuerdos ocales o el texto de las Ordenanzas fiscales, la Entidad local vendrá obligada adecuar

a los términos de la sentencia todas las actuaciones que lleve a cabo con posterioridad a la fecha en que aquélla le sea notificada. Salvo que expresamente lo prohibiera la sentencia, se mantendrán los actos firmes o consentidos dictados al amparo de la Ordenanza que posteriormente resulte anulada o modificada.

VII. MEDIDAS TRIBUTARIAS ESTABLECIDAS EN EL ÁMBITO COMPETENCIAL DE LAS HACIENDAS LOCALES EN MATERIA DE BIODIVERSIDAD

Como es por todos sabido, en la actualidad, y como algo recurrente, estamos asistiendo a una gran reforma del sistema tributario local, que tiene como finalidad conseguir una financiación suficiente de las entidades locales para hacer frente a los servicios que prestan a los ciudadanos, servicios que han sido asumidos muchos de ellos porque se le ha delegado el ejercicio de su competencia, pero muchos de ellos los han ido asumiendo las propias entidades, por ser la Administración Pública más cercana al ciudadano.

Dentro del grupo de tributos que establece esta Ley como vía de financiación de las Corporaciones Locales se encuentran diversos impuestos, contribuciones especiales, tasas y precios públicos. Dentro de los cuales y a efectos de tributación medioambiental los instrumentos más utilizados son las tasas; el Impuesto sobre Circulación de Vehículos de Tracción Mecánica donde también existen elementos tributarios ambientales[37]; el Impuesto sobre Actividades Económicas, el Impuesto sobre Construcciones, Instalaciones y Obras.

En materia de medio ambiente se ha procedido a la descentralización tanto legislativa como administrativa.

Las competencias que tienen las Corporaciones Locales en materia medioambiental se encuentran en el artículo 25.2.f) de la Ley de Bases del Régimen Local, donde se establece expresamente atribuida a los municipios la competencia en materia de protección de medio ambiente, que debe ser ejercida en los términos de la legislación del Estado y de las Comunidades Autónomas. Siguiendo a HERRERA MOLINA[38]: «Las potestades de los Ayuntamientos sobre protección ambiental se ejercitan, en parte, a través del otorgamiento de licencias para realizar actividades clasificadas. Dichas licencias aparecen subordinadas al informe vinculante de la comunidad Autónoma y sometidas a una potestad de control concurrente de la Comunidad Autónoma y el municipio».

Las competencias de los Entes Locales (provincias y municipios) en materia medioambiental es realmente escasa, la propia Constitución Española cuando distribuye las competencias en materia de medio ambiente se refiere a las Administraciones autonómicas y al Estado, quedando poco campo de actuación para los entes locales. Esto es ha tratado esta materia, como ha manifestado RUIZ-RICO RUIZ[39] como «una competencia compartida por el Estado y las CC. AA.». Y la distribución competencial es siguiendo a este autor[40] la siguiente: «a las CC. AA. les corresponde únicamente la competencia administrativa o de gestión (sin capacidad legislativa). Al Estado se le otorga una competencia legislativa, pero solamente para fijar los «principios básicos» y generales del ordenamiento ambiental. Entre una y otra competencia, nada dice la Constitución sobre la Administración competente para dictas las leyes que establezcan los niveles y las medidas concretas de protección sobre medio ambiente».

Esta escasez de posibilidades en materia de medio ambiente se debe, siguiendo a HERRERA MOLINA[41], a que estas competencias son concurrentes para las Comunidades Autónomas y para las Corporaciones Locales, además de la relación de materias reflejadas en la Ley de Bases del Régimen Local, que recoge tanto referencias genéricas al medio ambiente como funciones específicas de carácter ambiental.

---

37. Cfr. HERRERA MOLINA, P. M., **Derecho tributario ambiental**, ob. cit., pág. 325.

38. **Derecho tributario ambiental**, ob. cit., pág. 229.

39. «La Jurisprudencia constitucional española en materia de medio ambiente», en la obra colectiva **La protección jurisdiccional del medio ambiente**, Escuela Judicial. Consejo General del Poder Judicial. Cuadernos de Derecho Judicial. Madrid, 2001, pág. 181.

40. «La Jurisprudencia constitucional española en materia de medio ambiente», ob. cit., pág. 182.

41. **Derecho tributario ambiental**, ob. cit., pág. 325.
Derecho tributario ambiental, ob. cit., pág. 228.

En consecuencia, las materias sobre las que las Corporaciones Locales pueden legislar en materia de medio ambiente son[42]: salubridad pública; residuos sólidos; playas y otra normativa sectorial dentro de la cual incluye: abastecimiento de agua, alcantarillado y aguas residuales; abastos, mataderos y mercados, radiodifusión sonora.

Pues bien, con estas competencias atribuidas a las Corporaciones Locales en materia de medio ambiente, uno de los mecanismos para hacer efectivo el cumplimiento de preservación y respeto del medio es la tributación.

Las Haciendas Locales cuentan como mecanismos tributarios, aplicables al medioambiente, con los siguientes:

1. Tasas. Estas tasas, como ha señalado BOKOBO MOICHE[43], son tasas ambientales que compensan «al Ente público por los gastos ocasionados o los beneficios obtenidos sobre elementos públicos por un sujeto y puede inducir a la utilización más racional del medio ambiente.» Dentro de este grupo se integran:

   — Las tasas por alcantarillado y recogida de basuras, que tal y como ha señalado VAQUERA GARCIA[44] este tipo de ingreso es una tasa «puesto que es un servicio de solicitud o recepción obligatoria y porque no se puede prestar por la iniciativa privada directamente, sino, todo lo más, en función de acuerdos o convenios con los entes públicos. El autor citado[45] sobre estas tasas ha puesto de manifiesto que no se les puede dar una vertiente ambiental, en concreto escribe: «En definitiva, las posibilidades ecológicas de estas dos tasas no disponen de gran número de opciones, debido a su diseño, su naturaleza jurídica y su fórmula de cuantificación, por lo que, al margen de las lógicas diferencias entre la ubicación de los inmuebles y el carácter doméstico o industrial de los residuos, es difícil que pueda dárseles una vertiente ambiental».

   — Tasas por solicitud de licencias administrativas al amparo del reglamento de actividades molestas, insalubres, nocivas y peligrosas. En este supuesto, la persona que vaya a realizar las actividades molestas, insalubres, nocivas o peligrosas debe solicitar una licencia, se debe evaluar el riesgo y el criterio de los ciudadanos afectados por esta actuación. La licencia es expedida por la autoridad local correspondiente, cuando el particular solicita la licencia debe satisfacer la tasa correspondiente

---

42. Seguimos la clasificación realizada por GARCIA BERNALDO DE QUIROS, J., «Las competencias autonómicas sobre medio ambiente y su problemática en los Tribunales Superiores de Justicia», en la obra colectiva **La protección jurisdiccional del medio ambiente**, Escuela Judicial. Consejo General del Poder Judicial. Cuadernos de Derecho Judicial. Madrid, 2001, págs. 112 a 115.

43. «Tributación ambiental. Una respuesta a las necesidades económicas de los municipios turísticos», ob. cit., pág. 288.

44. **Fiscalidad y medio ambiente**, ob. cit., pág. 405.

45. VAQUERA GARCIA, A., **Fiscalidad y medio ambiente**, ob. cit., pág. 408.

al servicio prestado. Sobre esta tasa VAQUERA GARCIA[46] ha manifestado que «está desaprovechada desde un punto de vista ecológico; en este sentido, creemos que sería conveniente una diferenciación en base a la naturaleza ambiental de la actividad en cuestión, para lo que serían muy adecuados los informes previos a que hemos aludido y la institución de la Evaluación de Impacto ambiental, en los casos en que sea procedente. Así, la cuantía de esta exacción diferiría en atención a las distintas actuaciones administrativas que hayan tenido que realizarse, elevándose la carga tributaria para aquellas que precisen de mayores comprobaciones y trámites administrativos, en consonancia con el carácter de tasa de esa figura fiscal, que debe cuantificarse según el coste del servicio correspondiente».

— Recientemente los ayuntamientos están obligados, por imposición de la Ley 7/2022, de 8 de abril, de residuos y suelos contaminados para una economía circular, que incorpora al Derecho español el contenido de la Directiva (UE) 2018/851, a crear una tasa o, en su caso, una prestación patrimonial de carácter público no tributaria, con el objetivo de financiar el coste real, directo o indirecto, de las operaciones de recogida, transporte y tratamiento de los residuos. Una medida aplicable desde el 10 de abril de 2025 y para los Ayuntamientos con una población superior a los 5.000 habitantes.

Por tanto, los Ayuntamientos puede optar entre crear una tasa o una prestación patrimonial de carácter público no tributaria. Las cuantías que contemplan los Ayuntamientos son muy dispares, algunos establecen un importe fijo, pero en la mayoría el importe es variable y depende de criterios como el valor catastral, la calle o el número de personas empadronadas, sin perjuicio de prever una serie de reducciones.

En concreto, su artículo 11 en su número 3 dispone:

«En el caso de los costes de gestión de los residuos de competencia local, de acuerdo con lo dispuesto en el Texto Refundido de la Ley reguladora de las Haciendas Locales, aprobado por Real Decreto Legislativo 2/2004, de 5 de marzo, las entidades locales establecerán, en el plazo de tres años a contar desde la entrada en vigor de esta ley, una tasa o, en su caso, una prestación patrimonial de carácter público no tributaria, específica, diferenciada y no deficitaria, que permita implantar sistemas de pago por generación y que refleje el coste real, directo o indirecto, de las operaciones de recogida, transporte y tratamiento de los residuos, incluidos la vigilancia de estas operaciones y el mantenimiento y vigilancia posterior al cierre de los vertederos, las campañas de concienciación y comunicación, así como los ingresos derivados de la aplicación de la responsabilidad ampliada del productor, de la venta de materiales y de energía».

---

46. **Fiscalidad y medio ambiente**, ob. cit., págs. 411 y 412.

El ámbito subjetivo al que es de aplicación esta obligación está constituido por:

— Los Ayuntamientos, con independencia de su población. Ciertamente, el número 1 del artículo 26 de la Ley 7/1985, de 2 de abril, Reguladora de las Bases del Régimen Local, diferencia entre los servicios a prestar obligatoriamente en todos los municipios, entre los que se encuentra la recogida de residuos (letra a), y aquellos que deben prestarse en los Municipios con población superior a 5.000 habitantes, como es el caso del tratamiento de residuos (letra b). Por tanto, parecería en una primera aproximación que los municipios con una población de hasta 5.000 habitantes, no deberían contar con tasa de tratamiento de residuos. Pero ello no es así, ya que el artículo 12,5, a) LRES efectúa la ampliación a dichos municipios de la obligatoriedad de la prestación del servicio de tratamiento de residuos.

— Los entes locales supramunicipales cuando presten los servicios de recogida y/o tratamiento de residuos.

2. Contribuciones especiales. Según el dictado del artículo 2.2.b) de la Ley General Tributaria, tiene como finalidad financiar obras o servicios públicos prestadas por una Administración y que benefician a varias personas dentro de una colectividad[47].

Al respecto, ROZAS VALDES[48] hizo referencia a la posibilidad de cobrar contribuciones especiales «por el establecimiento o ampliación de servicios públicos para la financiación de infraestructuras y servicios locales relacionados con la preservación y mejora del medio ambiente, en tanto en cuanto pueda definirse el sector de la población específicamente mejorado por la actuación pública desarrollada. LA rehabilitación de un vertedero ubicado en el extremo de una zona residencial, la adquisición de una flota de vehículos de limpieza de las aceras destinados a operar en unos distritos determinados o l adquisición de mobiliario urbano destinado a la limpieza de excrementos de animales domésticos, justificarían, sobradamente, por ejemplo, el cobro de una contribución especial a los vecinos de la zona residencial o de los distritos beneficiados, a los propietarios de animales de compañía.» No obstante, el mismo autor se refiere al hecho de que «esta figura tributaria presenta no pocas complejidades y límites en su cuantificación y gestión (...).»[49]

---

47. Sobre las contribuciones especiales BOKOBO MOICHE S., ha escrito que esta vía «está dirigida fundamentalmente a la financiación de obras o servicios públicos que se destinan a la protección y utilización del entorno natural de un colectivo». «Tributación ambiental. Una respuesta a las necesidades económicas de los municipios turísticos», ob. cit., pág. 288.

48. «Haciendas Locales y Medio Ambiente», **Impuestos**, tomo II, 1997, pág. 515.

49. ROZAS VALDES, J. A., «Haciendas Locales y Medio Ambiente», ob. cit., pág. 515.

Consideramos al respecto que esta dificultad es real, a lo que añadimos que, habría que determinar exactamente hasta qué punto la obligación de los entes locales, a prestar estos servicios, que sí la tienen, puede ser cobrada mediante una contribución especial a los ciudadanos especialmente afectados, cuando sería toda la comunidad la que debería beneficiarse de estos servicios prestados los ayuntamientos, y no únicamente un grupo de la misma. En este mismo sentido, se manifiesta HERRERA MOLINA[50] quien señala que: «Las Corporaciones Locales no pueden establecer contribuciones negativas por gastos especiales, dado que la HL define el hecho imponible de las contribuciones especiales como «la obtención por el sujeto pasivo de un beneficio o un aumento de valor de sus bienes como consecuencia de la realización de obras públicas o el establecimiento o ampliación de servicios públicos, de carácter local, por las Entidades respectivas» (art. 28). Además, las Corporaciones Locales carecen de potestades para configurar sus contribuciones especiales negativas como impuestos extrafiscales».

Por el contrario, sí creemos que es más viable la posibilidad, siguiendo a ROZAS VALDES[51], de establecer «subvenciones o beneficios fiscales en favor de quienes sufran un perjuicio particular en su entorno y propiedades por resultar específicamente afectados por focos de contaminación ligados a beneficios que disfruta el conjunto de la comunidad.». Como bien señala el mismo autor: «Se trataría de incorporar al sistema financiero vigente, medidas encaminadas a limitar o compensar los daños medioambientales. En Derecho Tributario el concepto de contribución especial se construye a partir de una actividad administrativa que produce un beneficio concreto. Pues bien, a sensu contrario, cuando los poderes públicos consienten una actividad que produce un daño ambiental cuantificable, sería lógico compensar mediante mecanismos financieros a quienes lo sufren. Un modo de revertir el coste de la misma sobre quien lo ha producido sería establecer un tributo cuyo «criterio de cuantificación puede ser los costos de prevención o de restauración de los daños causados», y su destino final la reparación del daño.

3. Impuestos. La relación de figuras impositivas que aparecen en el Texto Refundido de la Ley reguladora de las Haciendas Locales, son las mismas que ya existían antes de esta última reforma.

4. Los ingresos por el suministro de agua, claramente la finalidad de este ingreso no es extrafiscal, sino puramente recaudatoria, mediante los cuales se pretende cubrir los gastos que genera el suministro de agua a los ciudadanos[52].

---

50. **Derecho Tributario Ambiental**, ob. cit., pág. 232.
51. «Haciendas Locales y Medio Ambiente», ob. cit., pág. 516.
52. En el mismo sentido VAQUERA GARCIA, A., **Fiscalidad y medio ambiente**, ob. cit., págs. 415 y 416.

En la anterior ley reguladora de las Haciendas Locales de 1988, no estaba en la mente del legislador crear tributos cuyos objetivos fueran medioambientales, esto es, no se pretendía regular aspectos ambientales, sino que se trataba de cubrir los costes de la prestación, finalidad que tampoco se lograba realmente. Así contábamos con los siguientes aspectos fiscales en el ámbito de la Hacienda Local, que podríamos englobar dentro de la fiscalidad ambiental, con la anterior salvedad, son las siguientes: tasa por alcantarillado y recogida de basuras[53]; tasa por solicitud de licencias administrativas al amparo del reglamento de actividades molestas, insalubres, nocivas y peligrosas; ingresos municipales por el suministro de agua.

La última norma que regula las Haciendas Locales no recoge en su Exposición de Motivos referencias directas al medio ambiente como un factor a tener en cuenta en la redacción de los tributos, el Real Decreto Legislativo 2/2004, de 5 de marzo, por el que se aprueba el Texto Refundido de la Ley Reguladora de las Haciendas Locales; por el contrario, sí se pueden extraer de la redacción de cada uno de los artículos algunas referencias al medio ambiente, considerando a éste de una forma muy amplia. Estos supuestos son los que detallamos a continuación.

VII.1. Impuesto sobre Bienes Inmuebles

En el Impuesto sobre Bienes Inmuebles, nos encontramos como medida relacionada con la protección del medioambiente:

— La exención de los bienes inmuebles que son declarados expresa e individualmente monumento o jardín histórico, establecida en el artículo 63.2.b) del TRLRHL.
— La superficie de los montes en que se realicen repoblaciones forestales o regeneración de masas arboladas sujetas a proyectos de ordenación o planes técnicos aprobados por la Administración forestal, establecida en el artículo 63.2.c) del TRLRHL.
— El artículo 74.5 del TRLRHL establece que «las ordenanzas fiscales podrán regular una bonificación de hasta el 50 por 100 de la cuota íntegra del impuesto para los bienes inmuebles en los que se hayan instalado sistemas para el aprovechamiento térmico o eléctrico de la energía proveniente del sol. La aplicación de esta bonificación estará condicionada a que las instalaciones para producción de calor incluyan colectores que dispongan de la correspondiente homologación por la Administración com-

---

53. La Ley reguladora de las Bases del Régimen Local establece en el artículo 26.1.a) como una competencia de los municipios el alumbrado público, cementerio, recogida de residuos, limpieza viaria, abastecimiento domiciliario de agua potable, alcantarillado, acceso a los núcleos de población, pavimentación de las vías públicas y control de alimentos y bebidas.

petente. Los demás aspectos sustantivos y formales de esta bonificación se especificarán en la ordenanza fiscal».

VII.2. Impuesto sobre Actividades Económicas

En el Impuesto sobre Actividades Económicas, el artículo 88.2.c) del TRLR-HL establece una bonificación de hasta el 50 por 100 de la cuota correspondiente para los sujetos pasivos que tributen por cuota municipal y que utilicen o produzcan energía a partir de instalaciones para el aprovechamiento de energías renovables o sistemas de cogeneración. Considerándose, a estos efectos, instalaciones para el aprovechamiento de energías renovables las contempladas y definidas como tales en el Plan de Fomento de las Energías Renovables. Se considerarán sistemas de cogeneración lo equipos e instalaciones que permitan la producción conjunta de electricidad y energía térmica útil. También se aplicará esta bonificación cuando los sujetos pasivos realicen sus actividades industriales, desde el inicio de su actividad o por traslado posterior en locales o instalaciones alejadas de las zonas más pobladas del término municipal. Y por último, también se prevé esta posibilidad cuando establezcan un plan de transporte para sus trabajadores que tenga por objeto reducir el consumo de energía y las emisiones causadas por el desplazamiento al lugar del puesto de trabajo y fomentar el empleo de los medios de transporte más eficientes, como el transporte colectivo o el compartido.

Estamos ante un tributo cuya estructura es anacrónica, su exigencia sin habitualidad ni ánimo de lucro, su falta de neutralidad y elasticidad y, en resumen, su alejamiento de un impuesto moderno basado en criterios de eficiencia y capacidad de pago; con un sistema de gestión que dificulta las posibilidades prácticas de adecuación del Impuesto a la capacidad económica: - La dualidad de ámbitos de gestión, que genera dudas sobre cuál es la Administración que debe asumir la iniciativa para corregir la situación producida. - La liquidación trimestral, «por exceso», incluyendo el mes de alta o baja. - La exigencia del Impuesto en base a una matrícula formada en base a información del año anterior, y con muchas dificultades prácticas para su corrección, etc.

la reforma operada por la Ley 51/2002, de 27 de diciembre, de reforma de la Ley 39/1988, de 28 de diciembre, Reguladora de las Haciendas Locales. En particular, dicha Ley incorporó las siguientes modificaciones a la normativa reguladora del Impuesto: - Declaró exentas del Impuesto a todas las personas físicas, sin excepción alguna, y, adicionalmente, a los sujetos pasivos del Impuesto sobre Sociedades, a las sociedades civiles y a las entidades carentes de personalidad jurídica con un importe neto de cifra de negocios inferior a un millón de euros. - Sustituyó el coeficiente de incremento por un «coeficiente de ponderación» a aplicar, en todo caso, sobre la cuota de tarifa del impuesto, en función del importe neto de la cifra de negocios del sujeto pasivo, variando este progresivamente en función del importe de dicha cifra, entre el 1,29 y el 1,35. - Modificó el índice de situación que pasó a denominarse «coeficiente de situación», alterándose igualmente sus límites mínimo y máximo que pasaron de 1 y 2 a 0,4 y 3,8, respectivamente. Como consecuencia de este conjunto de modificaciones, más del 92% de los sujetos pasivos del impuesto dejaron de estar en tributación efectiva, pasando a soportar el peso del tributo el 8% restante. Al mismo tiempo, para los sujetos pasivos que continuaron en tributación efectiva, la doble modificación del coeficiente de ponderación y del coeficiente de situación determinó una notable subida de las cuotas abonadas sin que, como ya se ha indicado, se modificaran otros elementos estructurales relevantes del tributo.

VII.3. Impuesto sobre Vehículos de Tracción Mecánica

La fiscalidad aplicada a los vehículos se presenta como un instrumento idóneo para fomentar el transporte sostenible, al favorecer la adquisición y el uso de vehículos eléctricos mediante incentivos fiscales y otras medidas de apoyo para favorecer la biodiversidad.

En el Libro Blanco para la reforma del Sistema Tributario[54] (2022) se puede leer que «La descarbonización del transporte y la neutralidad climática para 2050, son objetivos ineludibles marcados por la Unión Europea, secundados por el Gobierno y compartidos por el sector. Además, en este marco, la UE en el reciente paquete de medidas «objetivo 55» está realizando una propuesta en la que ha elevado su ambición para los pasos intermedios hasta la neutralidad climática del año 50, comprometiéndose a objetivos mucho más ambiciosos en 2030 y 2031. Pretende acelerar el proceso de descarbonización para el sector del transporte como uno de los principales emisores, introduciendo grandes retos a los que hacer frente en un periodo de tiempo corto. Según este paquete, y de aprobarse finalmente, en 2030 el mercado de vehículos turismos tendrá que haber reducido al 55% sus emisiones y en 2035 los vehículos puestos en el mercado tendrán que tener emisiones cero.

Sin embargo, de nada sirve que los fabricantes hayan aumentado su oferta de vehículos electrificados3 en los últimos años, y actualmente con más de 200 modelos en el mercado, si no hay demanda suficiente y preferencia del consumidor en estos vehículos respecto al resto de propulsiones. Los factores que determinan estas circunstancias son sobradamente conocido.

Por un lado, el diferencial de precio, ya que estos vehículos por su tecnología tienen un mayor coste que los vehículos de combustión. Por otro lado, las dificultades de uso, íntimamente ligadas a la disponibilidad de infraestructuras de recarga. Por lo tanto, ambos aspectos, deben ser abordados a la vez. Los fabricantes lo están haciendo con el aumento de modelos y con la mejora tecnológica de sus baterías. Todos los meses hay novedades en este sentido, con

---

54. Mur Pérez, A., «La fiscalidad del automóvil como factor clave para el cumplimiento de los objetivos medioambientales», **LIBRO BLANCO para la reforma fiscal en España Una reflexión de 60 expertos para el diseño de un sistema fiscal competitivo y eficiente**, Instituto de Estudios Económicos, 2022, págs. 793 y 794.

nuevos modelos que ofrecen aumentos sustanciales de autonomía. En paralelo es necesario potenciar el desarrollo de las infraestructuras que hagan al vehículo electrificado más atractivo y competitivo. Para desarrollar este mercado y sus infraestructuras la fiscalidad tiene un papel importante.»

Además de redirigir el mercado hacia vehículos electrificados, es necesario que la política fiscal también incentive o, al menos, no dificulte la renovación La fiscalidad del automóvil como factor clave para el cumplimiento de los objetivos medioambientales 795 del parque de vehículos. De los aproximadamente 25 millones de vehículos que tiene el parque actual de turismos en España, más de 4 millones (aproximadamente el 16%) superan los 20 años de antigüedad, siendo la media de más de 13 años. Esto tiene consecuencias muy negativas tanto en materia de medioambiente como de seguridad vial. En concreto, un vehículo de 13 años emite un 30% más de CO_2 y más de un 85% de emisiones contaminantes que sus homólogos actuales. Siendo así, la fiscalidad sobre el automóvil deberá también tener en cuenta esta circunstancia favoreciendo la renovación del parque e incentivando la electrificación del mercado. España tienen mucho camino por recorrer en la electrificación del parque y en el desarrollo de sus infraestructuras. Está lejos de los principales países europeos y, además, ampliando su diferencia

Uno de nuestros más representativos tributos medioambientales o ecológicos puede comenzar por el Impuesto Municipal sobre Vehículos de Tracción Mecánica (IMVTM), contemplado en el Real Decreto Legislativo 2/2004, de 5 de marzo , por el que se aprueba el texto refundido de la Ley de Haciendas Locales, cuyo artículo 95, regulador de la cuota del citado Impuesto, establece, en su apartado 1, la posibilidad de que las ordenanzas fiscales contemplen una bonificación de hasta el 75 por 100 según la clase de carburante que consuma el vehículo «en razón a la incidencia de la combustión de dicho carburante en el medio ambiente» (letra a), así como una bonificación de hasta ese mismo porcentaje «en función de las características de los motores de los vehículos y su incidencia en el medio ambiente» (letra b).

En el Impuesto sobre Vehículos de Tracción Mecánica, el artículo 95.6[55] del TRLRHL establece que las ordenanzas fiscales podrán regular, sobre la cuota del impuesto, incrementada o no por la aplicación del coeficiente, las siguientes bonificaciones:

— una bonificación de hasta el 75% en función de la clase de carburante que consuma el vehículo, en razón a la incidencia de la combustión de dicho carburante en el medio ambiente,
— una bonificación de hasta el 75 por 100 en función de las características de los motores de los vehículos y su incidencia en el medio ambiente.

---

55. Esta bonificación fue introducida por la Ley 50/1998, de 30 de diciembre, de Medidas Fiscales, Administrativas y de Orden social para 1999.

Por la importancia de este Impuesto en el ámbito del medio ambiente vamos a exponer cuál es la propuesta que se realiza en el Libro Blanco para la reforma del Sistema Tributario, Eliminar barreras a la compra y favorecer su renovación con vehículos menos emisores debe ser uno de los principales objetivos a abordar. Por ello, el cambio de la fiscalidad asociada al vehículo debe orientarse al uso, eliminando el impuesto de matriculación para potenciar un impuesto verde al uso que esté asociado a las características medioambientales del mismo. Parece lógico que los impuestos estén asociados a su uso, ya que este tiene relación directa con las emisiones, la seguridad vial o el desgaste de las infraestructuras y que se elimine el impuesto a la compra, claramente discriminatorio y obsoleto frente a otros países de la UE5 y otros bienes de consumo duraderos. El impuesto de matriculación es un impuesto único y discriminatorio respecto a otros bienes duraderos, ya que deriva del «impuesto de lujo» que no se aplica en ningún otro bien. Además, el IVA se ha ido incrementando sin que se haya compensado la fiscalidad global sobre el automóvil. Por otro lado, está gravando y penalizando las nuevas tecnologías al aplicarse sobre vehículos nuevos. En definitiva, es un impuesto que retiene la demanda, afecta negativamente a la renovación del parque, tan necesaria para el medioambiente y la seguridad vial, y no favorece la producción de vehículos en España. Debe recordarse que uno de cada cuatro vehículos que se venden en España es de fabricación nacional. El impuesto de matriculación ha cumplido con éxito su función desde que en 2008 se reformara para introducir la variable de emisiones de CO_2, redireccionando la demanda hacia vehículos menos emisores (desde el 70% al actual 30% de 5. ACEA. «Tax guide 2021». La fiscalidad del automóvil como factor clave para el cumplimiento de los objetivos medioambientales 797 vehículos exentos6). Sin embargo, el objetivo inicialmente propuesto parece quedar actualmente desenfocado respecto a las últimas exigencias medioambientales, puesto que ha de tener en consideración un doble objetivo ambicioso que implica, no solo la descarbonización sino también las emisiones contaminantes. Este enfoque, de transformación de un impuesto sobre la compra hacia un impuesto sobre el uso, es el que se recoge en la opinión de los expertos tanto nacionales como internacionales. — «Informe Lagares» (2014), consideraba necesario avanzar en la eliminación de duplicidades en los impuestos sobre un mismo bien o servicio. «Se sustituirán ambos impuestos por uno nuevo sobre el uso de carácter medioambiental», además añade que «la regulación del nuevo impuesto correspondería al Estado y sería igual para todos los Municipios y Comunidades Autónomas». — Comisión de Expertos para la revisión del modelo de financiación autonómica (2017). En relación con los impuestos especiales al automóvil mencionan que «una vía de avance podría ser la integración de este impuesto especial (el de matriculación) con el Impuesto sobre Vehículos de Tracción Mecánica, de ámbito municipal, dejando la gestión del nuevo tributo en manos de los Ayuntamientos. La fijación de dos tipos, uno autonómico y otro municipal, permitirá la compartición de la figura entre Comunidades Autónomas y Ayuntamientos. Sería deseable que los cambios que se adopten en estos impuestos se hagan dentro de un marco integral para la fiscalidad ambiental». — La Comisión Europea (2017) recuerda a España la necesidad de incrementar sus ingresos por impuestos medioambientales. «Los ingresos por impuestos medioambientales supusieron únicamente el 1,85% del PIB frente a una media del 2,46% en la UE». Ya en el año 2005 la Comisión realizó una propuesta para la homogeneización de la imposición al automóvil en Europa mediante la eliminación del impuesto de matriculación y la adecuación de los impuestos al uso según las emisiones de CO2. — Informe de la OCDE (2015 y 2017): plantea una reestructuración del impuesto de circulación, para que refleje mejor el coste medioambiental del uso del vehículo. El denominador común de todas ellas es la creación de un impuesto al uso con carácter medioambiental que tenga como base imponible los g/km de CO2. De periodicidad anual, aplicaría exclusivamente a los vehículos que actualmente están sujetos al impuesto de matriculación, es decir, a los turismos y a los comerciales que no se afecten significativamente al ejercicio de una actividad económica. No afectaría, sin embargo, a vehículos de transporte de mercancías, ni al transporte de viajeros. Además, permite tener en consideración aspectos sociales ligados a las características económicas o personales de las familias, pudiendo incluir bonificaciones para personas vulnerables, por ejemplo, según su nivel de renta, o si se trata de familia numerosa o si el usuario del vehículo tiene problemas de movilidad

1.2. Eliminando otras barreras a la compra de vehículos bajos en emisiones Desde el punto de vista de barreras de entrada a la compra para los vehículos electrificados, debe considerase también la importancia del IVA. La inclusión de un tipo cero o tipo reducido según se trate de vehículos eléctricos o híbridos enchufables, puede ser la clave para eliminar la diferencia de precio con los vehículos de combustión, y en su caso, sustituir las ayudas directas a la compra que si bien, hasta el momento, son fundamentales para hacer atractivos estos vehículos, generan por su transitoriedad y excepcionalidad, tanto en las administraciones como en fabricantes, distribuidores y clientes, no pocas incertidumbres y equívocos respecto a fechas y plazos de validez, dotaciones económicas, aplicabilidad, etc., lo que, desafortunadamente, redunda en una innecesaria desconfianza hacia estas ayudas. En este sentido, se configura como una gran oportunidad el «Plan de Acción sobre el IVA» propuesto por la Comisión en marzo de 2016 y en el que, entre otros aspectos, contiene propuestas concretas «hacia una política de tipos impositivos moderna» y que supone la modificación de la Directiva de IVA. La propuesta de modificación de esta Directiva fue publicada por la Comisión Europea el 18 de enero de 2018, recogiendo la posibilidad de aplicar un tipo reducido para vehículos de bajas emisiones. Introduciendo medidas que impulsen la renovación del parque y su electrificación Un claro ejemplo de medidas sencillas y de aplicación rápida y de efecto recaudatorio limitado, al ser potestativo para los municipios, es el relativo al Impuesto sobre Vehículos de Tracción Mecánica, coloquialmente llamado Impuesto de Circulación. Este impuesto solo permite una bonificación de hasta el 75% en función de las características de los motores de los vehículos y su incidencia en el medio ambiente. Debe tenerse en cuenta que es un impuesto calculado sobre el parque (25 M de turismos), y ya no sobre las ventas (1,2 millones aprox.), que tiene una evolución coyuntural que impide tener predictibilidad sobre los ingresos. En esta misma línea se situarían los impuestos locales aplicables a los Bienes Inmuebles o el Impuesto de Transmisiones patrimoniales. Una bonificación en el Impuesto sobre Bienes Inmuebles por la instalación de infraestructuras de recarga potenciará y acelerará su desarrollo. La infraestructura de recarga en el domicilio y en las empresas es una de las claves de la electrificación, especialmente importante hasta que se produzca un verdadero desarrollo de la infraestructura pública. Los planes MOVES dan ayudas a los particulares y empresas para impulsar la inversión en la instalación de infraestructura de recarga de vehículo eléctrico en sus inmuebles. Con la intención de ampliar su efecto, puede impulsarse una bonificación, potestativa para los ayuntamientos, que pudiera alcanzar una reducción de hasta el 50% del IBI para el inmueble que realiza dicha instalación. No será obligatoria, pero habilitará la posibilidad de introducir dicha bonificación al municipio que así lo desee. Así mismo, es también relevante el papel que tiene el Impuesto de transmisiones patrimoniales (ITP), en este caso sobre el mercado de segunda mano y la renovación del parque de vehículos. El mercado de segunda mano de turismos y, en concreto, el de vehículos con más de 10 años está creciendo considerablemente en los últimos años con un porcentaje del 55% sobre el total de operaciones. En 2020 se han transferido más de 230.000 turismos con una antigüedad superior a 20 años. Los tipos actuales para la transferencia de vehículos oscilan en las CC. AA. entre un 4% y un 8%, estableciéndose entre un 4% y un 6% en las comunidades de mayor volumen de transferencias de turismos. La media del tipo del ITP para el conjunto de las transferencias de turismos realizadas en España es de un 4,82% según los datos de volumen de transferencias y tipos aplicados en cada CC. AA. en 2020. En ningún caso tienen relación con la antigüedad del vehículo o mayor o menores emisiones10. Por ello, es necesario un cambio de este impuesto que module el tipo impositivo según la antigüedad del vehículo. Con la legislación actual solo cabe la posibilidad de que las CC. AA. establezcan cuotas tributarias diferentes según determinados aspectos del vehículo. Un ejemplo de aplicación de la capacidad normativa es lo que está en vigor en las comunidades autónomas de Andalucía, Asturias, Cantabria y las Islas Baleares, en las que el tipo de gravamen es diferente según su potencia fiscal; 4% si no supera los 15 caballos fiscales y 8% en caso de superar este límite. La fiscalidad del automóvil como factor clave para el cumplimiento de los objetivos medioambientales 801 el mercado, favoreciendo las transacciones de turismos más nuevos frente a vehículos de mayor antigüedad[56].

---

56. Mur Pérez, A., «La fiscalidad del automóvil como factor clave para el cumplimiento de los objetivos medioambientales», **LIBRO BLANCO para la reforma fiscal en España Una reflexión de 60 expertos para el diseño de un sistema fiscal competitivo y eficiente**, Instituto de Estudios Económicos, 2022.

VII.4. Impuesto sobre Construcciones, Instalaciones y Obras

También podemos encontrar en el establecimiento de bonificaciones en el Impuesto sobre Construcciones, Instalaciones y Obras, un elemento medioambiental que afecta a la preservación de la biodiversidad, en:

— el artículo 103.2.a) donde se establece que las ordenanzas fiscales podrán regular una bonificación de hasta el 95 por 100 a favor de las construcciones, instalaciones u obras que sean declaradas de especial interés o utilidad municipal por concurrir circunstancias sociales, culturales o histórico-artísticas;

— en el artículo 103.2.b) donde se establece que las ordenanzas fiscales podrán regular una bonificación de hasta el 95 por 100 a favor de las construcciones, instalaciones u obras en las que se incorporen sistemas para el aprovechamiento térmico o eléctrico de la energía solar para autoconsumo. La aplicación de esta bonificación estará condicionada a que las instalaciones para producción de calor incluyan colectores que dispongan de la correspondiente homologación de la Administración competente.

Como se puede observar de la relación de supuestos regulados en el TRL-RHL, todas las medidas medioambientales que se prevén en las normas citadas son de prevención.

VII.4.1.   ICIO y construcción o instalación de Plantas Fotovoltaicas, Termosolares y Parques Eólicos

El artículo 102.1 del Real. Decreto Legislativo 2/2004, de 5 de marzo, por el que se aprueba el Texto Refundido de la Ley Reguladora de las Haciendas Locales, determinación de la base imponible del Impuesto sobre Construcciones, Instalaciones y Obras, donde se establece cómo se determina la base imponible de citado impuesto, y ésta estará constituida por «el coste real y efectivo de la construcción, instalación u obra, y se entiende por tal, a estos efectos, el coste de ejecución material de aquélla. No forma parte de la base imponible el Impuesto sobre el Valor Añadido y demás impuestos análogos propios de regímenes especiales, las tasas, precios públicos y demás prestaciones patrimoniales de carácter público local relacionadas, en su caso, construcción, instalación u obra, ni tampoco los honorarios de profesionales, el beneficio empresarial del contratista ni cualquier otro concepto que no integre, estrictamente, el coste de ejecución material.

¿Qué partidas integran el concepto de base imponible que ofrece el artículo 102.1 del TRLRHL? A efectos de determinación de los elementos que integran la base imponible de este impuesto en el caso de la edificación normal, las dificultades se acentúan cuando estamos ante plantas solares fotovoltaicas, termosolares y parques eólicos, siendo los elementos más cuantiosos económicamente en una planta solar fotovoltaica los paneles solares, los inversores y seguidores solares, entre otros, existiendo discrepancias de criterios entre sujetos pasivos y Ayuntamientos sobre su integración o no en la base imponible del ICIO en consonancia con los pronunciamientos realizados por los Tribunales donde se definía los elementos que integraban la base imponible.

Con referencia, y siguiendo a LUCAS DURÁN[57], a los parques o instalaciones de energías renovables que se construyan sobre la plataforma continental o en el mar continental, y tomando como base el artículo 132.2 de la Constitución y otras normas del ordenamiento jurídico la DGT ha manifestado en contestación a respuesta vinculante de 28 de septiembre de 2006 (V1932-06) que «el mar territorial forma parte del dominio público estatal que no se halla en provincia o término municipal alguno; y, por lo tanto, a los efectos de la Ley Reguladora de las Haciendas Locales, las provincias y municipios no tienen en el mar territorial potestad tributaria alguna», señalando a continuación que «Por no hallarse en término municipal alguno, la construcción de la plataforma marítima permanente (aludida en la consulta) no está sujeta al Impuesto sobre Construcciones, Instalaciones y Obras». Ahora bien, como bien argumenta LUCAS DURAN[58] «lo cierto es que tales instalaciones eléctricas deberán reconducir la energía producida a tierra firme y, en ese momento, tocarán inexcusablemente el territorio de algún municipio y, por ende, requerirán probablemente de alguna licencia municipal para la instalación del tendido eléctrico o construcciones para el almacenamiento del fluido de manera que por tal motivo sí se podría exigir el ICIO», el Impuesto sobre Construcciones, Instalaciones y Obras solo se devenga por cualquier construcción, instalación u obra para la que exija obtención denla correspondiente licencia de obras o urbanística, se haya obtenido o no dicha licencia, siempre que su expedición corresponda al ayuntamiento de la imposición.

VII.4.2. Bonificación por incorporación de sistemas para el aprovechamiento térmico o eléctrico de la energía solar

Se prevé una reducción en la cuota prevista en el artículo 103.2.b TRLRHL que consiste en:

> «Una bonificación de hasta el 95 % a favor de las construcciones, instalaciones u obras en las que se incorporen sistemas para el aprovechamiento térmico o eléctrico de la energía solar. La aplicación de esta bonificación estará condicionada a que las instalaciones para producción de calor incluyan colectores que dispongan de la correspondiente homologación de la Administración competente.
>
> (...)

---

57. «Energías renovables y fiscalidad», ob. cit., pág. 365.
58. «Energías renovables y fiscalidad», ob. cit., pág. 365.

La regulación de los restantes aspectos sustantivos y formales de las bonificaciones a que se refiere este apartado se establecerá en la ordenanza fiscal. Entre otras materias, la ordenanza fiscal determinará si todas o algunas de las citadas bonificaciones a que se refiere este apartado se establecerá en la ordenanza fiscal. Entre otras materias, la ordenanza fiscal determinará si todas o algunas de las citadas bonificaciones son o no aplicables simultáneamente.»

Tal bonificación se practicará sobre la cantidad ya bonificada —en su caso— por obras de especial interés o utilidad municipal.

Se trata, como ha señalado Lucas Durán[59], la escueta y deficiente regulación de la bonificación necesita la realización de una serie de reflexiones.

En primer lugar, se trata de una bonificación que el ayuntamiento puede o no establecer y, en caso de establecerla, la misma podrá tener un porcentaje de reducción de la cuota muy variable (superando el 0% y hasta el 95%), con lo que existen amplias posibilidades de configuración.

En segundo lugar, es una bonificación contemplada únicamente en principio para el aprovechamiento solar térmico o eléctrico destinado para el autoconsumo. La Ley 62/2003 eliminó el requisito del autoconsumo a partir del 1 de enero de 2004 por la complicación que ello pudiera suponer en la aplicación de la bonificación referida, pues por un lado la energía térmica no puede sino utilizarse para consumo salvo casos realmente marginales.

En tercer lugar, la bonificación se aplicará a toda la cuota.

En cuarto lugar, otra cuestión que se ha planteado a partir de la entrada en vigor del Real Decreto 314/2006, de 17 de marzo, por el que se aprueba el Código Técnico de la Edificación, la incorporación de energías renovables pasa a ser obligatoria, tal bonificación debe entenderse sólo posible para las obras de incorporación de energías renovables

---

59. «Energías renovables y fiscalidad», ob. cit., págs. 378.

Capítulo quinto

ECONOMÍA CIRCULAR: GRAVAMEN SOBRE LOS PLÁSTICOS Y LOS RESIDUOS

I. SOBRE LA EXISTENCIA DE LOS PLÁSTICOS DE UN SOLO USO Y SU NECESARIA DESAPARICIÓN

Si algún tipo de material afecta a la degradación de la biodiversidad son los plásticos de un solo uso en sus distintas posibilidades; es un tema que afecta de forma muy urgente a la vida, sobre todo en los océanos. Los plásticos de un solo uso están muy presentes en nuestro día a día: vasos para bebidas, botellas de agua, envases para comida, etc. Esto se debe principalmente a su bajo coste y a su alta funcionalidad. Ahora bien, están diseñados para un uso efímero, por lo que en pocas ocasiones se reciclan y como consecuencia, crean una gran cantidad de residuos. Las principales consecuencias negativas de los residuos plásticos son la liberación de sustancias químicas peligrosas para el ser humano, la degradación del medio ambiente, disminuyendo los recursos naturales; provocando la liberación de gases de efecto invernadero, y consecuentemente acelerando el actual cambio climático, así como provocando la muerte de más de un millón de animales marinos.

1. Impacto de los plásticos de un solo uso en la biodiversidad

— Contaminación de ecosistemas acuáticos
— Más del 70% de los desechos marinos son plásticos.
— Animales marinos como tortugas, peces, aves y mamíferos pueden ingerir plástico o enredarse en él.
— Esto causa asfixia, inanición, heridas y muchas veces la muerte.

2. Afectación a ecosistemas terrestres

— En su descomposición lenta (puede tardar siglos), los plásticos liberan microplásticos que contaminan el suelo y el agua.
— Esto afecta organismos como lombrices y bacterias del suelo, esenciales para la fertilidad y salud del ecosistema.

3. Interferencia con cadenas alimenticias

— Los microplásticos entran en las cadenas alimenticias, afectando a especies clave y, eventualmente, a los seres humanos.

4. Pérdida de hábitats

— La acumulación de plásticos en playas, ríos y manglares puede alterar hábitats importantes para la reproducción o alimentación de muchas especies.

En la Unión Europea (en adelante UE) los residuos plásticos suponen 15.030.000 toneladas al año y en España los residuos plásticos ascienden a 731.064 toneladas al año. En el siguiente gráfico podemos observar los residuos plásticos producidos en la UE en 2016, donde la media es de 516.443 toneladas[60].

Hasta 175 países de todo el mundo han acordado en la fecha de 2 de marzo de 2022 en la ONU crear un tratado internacional vinculante para frenar la contaminación plástica. Este tipo de contaminación se ha convertido en un problema acuciante que traspasa fronteras y afecta al medio ambiente y a la salud del ser humano. Con un ritmo de producción creciente, ya no queda ni un solo lugar en la Tierra que esté libre de plástico. Sus partículas se han encontrado en la montaña más alta del mundo, en el monte Everest, y también se han visto restos en el lugar más profundo del planeta, en la Fosa de las Marianas del océano Pacífico. El pacto se ha acordado en la Cumbre de la ONU para el Medio Ambiente (UNEA, por sus siglas en inglés), en Nairobi (Kenia). «Estamos haciendo historia hoy», ha dicho el presidente de la reunión, Espen Barth Eide, ministro de medio ambiente de Noruega. Es el primer acuerdo mundial contra el plástico. El texto fija la creación de un 'comité intergubernamental de negociación', que será el que elabore el texto definitivo y con medidas concretas para 2024. Su contenido, que tendrá que ser ratificado por los países, será legalmente vinculante, aunque también incluirá medidas voluntarias, y abordará el ciclo de vida completo del plástico. Es decir, la producción de plástico, el diseño, hasta su gestión o su llegada al medio marino. «Hoy marca un triunfo del planeta tierra sobre los plásticos de un solo uso. Este es el acuerdo multilateral ambiental más importante desde el Acuerdo de París [para frenar

---

60. PUCHOL TUR, T., «El futuro impuesto sobre plásticos no reutilizables», **BIB 2021\1011, Revista Quincena Fiscal** num.4/2021.

el calentamiento global y las emisiones de efecto invernadero]. Es una póliza de seguro para esta generación y las futuras, para que vivan con el plástico y no se vean condenados por él», ha dicho Inger Andersen, directora Ejecutiva del programa medioambiental de Naciones Unidas. El Comité Intergubernamental de Negociación comenzará su trabajo este mismo año. La ONU prevé convocar a finales de 2022 una reunión con todas las partes interesadas para la primera sesión. Cuando el acuerdo esté finalizado, el texto plantea que los países desarrollen, implementen y vayan actualizando sus planes contra la contaminación contra el plástico para alcanzar los objetivos. Se trata de un funcionamiento ya puesto en marcha en la lucha contra el cambio climático, a través del Acuerdo de París, por el que los países van aumentando progresivamente sus objetivos de recorte de emisiones de efecto invernadero. En el caso de los plásticos, deberán incluir medidas para prevenir los desechos, reducirlos y eliminarlos. La producción de plástico se ha duplicado en los últimos 20 años y se prevé que en las próximas dos décadas vuelva a duplicarse. El problema radica en el hecho del creciente volumen de desechos, hoy solo el 9% de ellos se recicla y un 22% acaba en vertederos no controlados o en el medio ambiente, según un reciente estudio de la OCDE. La contaminación en los océanos logra también una mención especial. Solo en 2019, se filtraron 6,1 millones de toneladas de desechos plásticos a ríos, lagos y océanos. La acumulación en los ríos implica que la fuga al océano continuará durante las próximas décadas, y allí, la limpieza es cada vez más difícil, ya que se fragmentan en partículas cada vez más pequeñas. Por eso, la ONU prevé medidas de cooperación nacionales e internacionales para reducir la contaminación plástica en el medio marino, incluida la contaminación plástica existente.

Las causas del fuerte incremento en la formación de residuos, envases y plásticos pueden resumirse en el rápido crecimiento demográfico, la concentración de la población en áreas urbanas, la utilización generalizada de bienes de envejecimiento muy rápido, el uso común de envases y plásticos sin retorno, fabricados con materiales no degradables y, en general, el aumento del nivel de vida y riqueza. No obstante, debe resaltarse asimismo la utilidad y el carácter positivo de los envases y particularmente de los plásticos (que suponen el 40% de la fabricación de envases), en particular en el sector alimentario o en el ámbito sanitario, tal como se ha puesto de manifiesto durante la etapa más problemática de la epidemia del coronavirus, durante los meses del estado de alarma, y en la situación actual, debido a las propiedades específicas de los plásticos que les hacen ser buenos materiales de envasado para muchos productos, que permiten hacer llegar el producto en las mejores condiciones y que se conserve el mayor tiempo posible. Además, el sector de los plásticos constituye económicamente un sector importante, que genera en la Unión Europea, antes de la crisis del coronavirus, más 360.000 millones de euros, con 1'7 millones de empleos y 60.000 empresas, la mayoría Pymes, implicadas, y en España el volumen de negocio es de 30.000 millones de euros, implicando a 4.000 empresas y generando 250.000 empleos, y destacando el dedicado a envases y embalajes (con el 40% del total).

Para la realización de este epígrafe vamos a seguir el trabajo de ROMERO ABOLAFIO[61] quien ha escrito que la manufacturación comercial de bolsas de papel tiene origen en la década de 1840 en Bristol (Reino Unido); aunque el posterior descubrimiento del polietileno, modalidad de plástico de fabricación simple y rentable, ocasionó la producción masiva a partir de este material. En la actualidad, la práctica generalizada de la entrega gratuita de bolsas de plástico ha potenciado sus efectos contaminantes considerados externalidades negativas, costes obviados por el mercado en condiciones de nula intervención por parte de los poderes públicos, planteándose la necesidad de articular instrumentos correctores para su internalización.

Estas bolsas de plástico cuentan con un considerable impacto de diferente índole: medioambiental, acumulándose en el hábitat natural, especialmente en el medio marino, ocasionando incluso la muerte de algunos animales por su ingestión; económico, presente en la necesidad de financiar la limpieza de dichas costas, resultando algunas especialmente afectadas como las españolas, tarea además de especial interés a efectos turísticos, así como la reducción del stock de peces disponibles para la pesca; y social, patente en su presencia paisajística sustancialmente favorecida por su condición volátil, así como en las consecuencias sobre la salud humana, habida cuenta de las partículas tóxicas que generan acumuladas en el organismo de los peces y transmitidas a través de la cadena trófica hasta los humanos.

Por tanto, resulta evidente la necesidad de intervenir sobre estas externalidades negativas, constituyendo los tributos extrafiscales una de las alternativas en manos de los poderes públicos. Con carácter preliminar es importante advertir que a lo largo de nuestro discurso no nos referiremos a los impuestos extrafiscales como instrumentos para internalizar los costes concretos que genera la contaminación, sino a su utilización con fines puramente suasorios para fomentar comportamientos respetuosos con el medio ambiente.

II. LAS NUEVAS DIRECTIVAS EN MATERIA DE RESIDUOS, ENVASES Y PLÁSTICOS

La legislación general de la Unión Europea está constituida principalmente, por la Directiva 2008/98/CE, del Parlamento Europeo y del Consejo, de 19 de noviembre de 2008, sobre los residuos (DOUE L 312, 22.11.2008), modificada en varias ocasiones y que deroga varias Directivas anteriores (de 1975, 1991 y 2006), y por la Directiva 94/62/CE del Parlamento Europeo y del Consejo, de 20 de diciembre de 1994, relativa a los envases y residuos de envases (DOCE L 365, 31.12.1994), modificada asimismo en varias ocasiones; debiendo tenerse en cuenta, además, las normas más específicas (p. ej., sobre pilas y acumuladores, aparatos eléctricos y electrónicos, vertido y traslados de residuos, etc.). En rela-

---

61. «Últimos avances de la UE contra las bolsas de plástico desde una perspectiva tributaria», **Revista Quincena Fiscal** num.12/2016, **(BIB 2016\2122)**

ción con la legislación sobre residuos, envases y plásticos, debe mencionarse, en primer lugar, la Directiva (UE) 2015/720, del Parlamento Europeo y del Consejo, de 29 de abril de 2015, por la que se modifica la Directiva 94/62/CE en lo que se refiere a la reducción del consumo de bolsas de plástico ligeras (DOUE L 115, 6.5.2015), cuyo objetivo es que los Estados Miembros adoptasen medidas con el fin de reducir de forma sostenida en su territorio el consumo de bolsas de plástico ligeras; medidas pueden consistir en el uso de objetivos de reducción nacionales, el mantenimiento o la introducción de instrumentos económicos así como de restricciones a la comercialización, siempre que estas restricciones sean proporcionadas y no discriminatorias, y las mismas pueden variar dependiendo del impacto medioambiental de las bolsas de plástico ligeras cuando se valorizan o se desechan, de sus propiedades a efectos de compostaje, su durabilidad o su uso específico previsto. No obstante, las prescripciones más importantes de la Directiva son las que establecen que las medidas tomadas por los Estados Miembros incluirán al menos una de las siguientes: - La adopción de medidas que garanticen que el nivel de consumo anual no supera las 90 bolsas de plástico ligeras por persona a más tardar el 31 de diciembre de 2019, y 40 bolsas de plástico ligeras por persona a más tardar el 31 de diciembre de 2025, o un objetivo equivalente expresado en peso (siendo posible excluir las bolsas de plástico muy ligeras de los objetivos nacionales de consumo).

La adopción de instrumentos que garanticen que, a más tardar el 31 de diciembre de 2018, no se entreguen gratuitamente bolsas de plástico ligeras en los puntos de venta de mercancías o productos, a menos que se apliquen instrumentos igualmente eficaces (con la misma excepción sobre las bolsas de plástico muy ligeras). Además, se prevé que, antes del 27 de mayo de 2017, la Comisión adoptase un acto de ejecución por el que se establezcan las especificaciones de las etiquetas o marcas para garantizar el reconocimiento en toda la Unión de las bolsas de plástico biodegradables o compostables y para proporcionar a los consumidores la información correcta sobre las propiedades de compostaje de dichas bolsas, y a más tardar 18 meses después de la adopción del anterior acto de ejecución, los Estados Miembros debían garantizar que las bolsas de plástico biodegradables o compostables estén debidamente etiquetadas de conformidad con ese acto de ejecución. Posteriormente, se aprobarán tres Directivas, que modifican las de carácter general para avanzar en el régimen del tratamiento de los residuos y envases, y en la economía circular. En efecto, la Directiva (UE) 2018/850, del Parlamento Europeo y del Consejo, de 30 de mayo de 2018 por la que se modifica la Directiva 1999/31/CE relativa al vertido de residuos (DOUE L 150, 14.6.2018), tiene por finalidad reforzar los objetivos establecidos en la Directiva sobre vertidos de 1999, que impone restricciones al depósito en vertederos, a fin de que reflejen mejor la ambición de la Unión de avanzar hacia una economía circular, reduciéndose gradualmente al mínimo el vertido de residuos destinados a vertederos de residuos no peligrosos, en particular de los vertidos aptos para el reciclado u otro tipo de valorización, lo que es coherente con la economía circular. A continuación, la Directiva (UE) 2018/851, del Parlamento Europeo y del Consejo, de 30 de mayo de 2018 por la que se modifica la Directiva 2008/98/CE sobre los residuos (DOUE L 150, 14.6.2018), establece medidas destinadas a proteger el medio ambiente y la salud humana mediante la prevención o la reducción de la generación de residuos y de los impactos negativos de la generación y gestión de los residuos, mediante la reducción del impacto global del uso de los recursos y mediante la mejora de la eficiencia de dicho uso, que considera elementos cruciales para efectuar la transición a una economía circular y garantizar la competitividad de la Unión a largo plazo. Por otra parte, esta tendencia de evolución se manifiesta al prever que los Estados Miembros garanticen que se considere que los residuos que hayan sido objeto de reciclado u otra operación de valorización han dejado de ser residuos si la sustancia u objeto se debe usar para finalidades específicas, y que adoptarán las medidas adecuadas para garantizar que una sustancia u objeto resultante de un proceso de producción cuya finalidad primaria no sea la producción de esa sustancia u objeto no se considere un residuo, sino un subproducto, cumpliendo determinados requisitos. Además, modifica los requisitos mínimos generales aplicables a los regímenes de responsabilidad ampliada del productor (que implica que el productor sufrague determinados costes) y se prevén medidas de prevención de residuos, valorización, normas de cálculo de la consecución de los objetivos fijados, sobre residuos peligrosos de origen doméstico y sobre biorresiduos. La tercera norma es la Directiva (UE) 2018/852, del Parlamento Europeo y del Consejo de 30 de mayo de 2018 por la que se modifica la Directiva 94/62/CE relativa a los envases y residuos de envases (DOUE L 150, 14.6.2018), que establece medidas destinadas, como primera prioridad, a la prevención de la producción de residuos de envases y, atendiendo a otros principios fundamentales, a la reutilización de envases, al reciclado y demás formas de valorización de residuos de envases y, por tanto, a la reducción de la eliminación final de dichos residuos, con el objeto de contribuir a la transición hacia una economía circular, para lo que trata de incentivar la demanda de envases reutilizables y reducir el consumo de envases no reciclables y del exceso de envases (con medidas relativas a sistemas de depósito y devolución, establecimiento de objetivos cualitativos, incentivos económicos y reutilización) e introducir cambios en los objetivos obligatorios para los Estados Miembros (50% en peso para plástico, el 65% en general o mayores porcentajes para otros materiales específicos, a cumplir en 2025, e incrementándose los objetivos en un 5% para 2030). Un paso más en la filosofía de la economía circular, y en la política europea sobre los plásticos, lo constituye la Directiva (UE) 2019/904, del Parlamento Europeo y del Consejo, de 5 de junio de 2019 relativa a la reducción del impacto de determinados productos de plástico en el medio ambiente (DOUE L 155, 12.6.2019)24, cuya exposición de motivos se inicia resaltando que la elevada funcionalidad y el coste relativamente bajo del plástico hacen que ese material sea cada vez más omnipresente en la vida cotidiana; añadiendo que, si bien el plástico desempeña un papel útil en la economía y proporciona aplicaciones esenciales en numerosos sectores, su uso creciente en aplicaciones efímeras, que no están diseñadas para ser reutilizadas o recicladas de manera económicamente eficiente, provoca que los modelos asociados de producción y consumo sean cada vez más ineficientes y lineales. Efectivamente, los productos de plástico de un solo uso y los artes de pesca que contienen plástico son un problema especialmente agudo (sobre todo, en el contexto de la basura marina), suponen un riesgo grave para los ecosistemas marinos, la biodiversidad y la salud humana, y están perjudicando a actividades como el turismo, la pesca y el transporte marítimo, debido a que los productos de plástico de un solo uso incluyen una amplia gama de productos de consumo habitual de rápida evolución que se tiran después de haber sido utilizados una vez para el fin previsto, rara vez se reciclan y tienden a convertirse en basura dispersa, y una proporción significativa de las artes de pesca introducidas en el mercado no se recogen para su tratamiento. En el marco dela Directiva sobre residuos de 2008 y las Comunicaciones de carácter estratégico de la Comisión de 2015 y 2018, ya mencionadas, la Directiva fomenta los planteamientos circulares que dan prioridad a los productos reutilizables, sostenibles y no tóxicos y a los sistemas de reutilización frente a los productos de un único uso, con el objetivo primordial de reducir la cantidad de residuos generados y prevenir y reducir el impacto de determinados productos de plástico en el medio ambiente, en particular el medio acuático, y en la salud humana, así como fomentar la transición a una economía circular con modelos empresariales, productos y materiales innovadores y sostenibles, contribuyendo así también al funcionamiento eficiente del mercado interior (art. 1). La Directiva se aplica a los productos de plástico de un solo uso enumerados en el Anexo, a los productos fabricados con plástico oxodegradable y a las artes de pesca que contienen plástico (art. 2). Los microplásticos no entran directamente en el ámbito de aplicación de la Directiva, aunque también contribuyen al deterioro ambiental y a la basura marina y, por tanto, la UE debería adoptar un planteamiento global sobre ese problema, y alentar a todos los productores a limitar estrictamente los microplásticos en sus fórmulas. Las medidas más destacables de la nueva Directiva son: - Obligación de los Estados Miembros, a conseguir en 2026 respecto a 2022, de adoptar medidas para reducir (de forma cuantitativamente medible) el consumo de los productos de plástico de un solo uso del Anexo A: vasos para bebidas, con tapas y tapones; recipientes para alimentos, como cajas, con o sin tapa, incluidos los de comida rápida y para su consumo inmediato (con algunas excepciones: recipientes para bebidas, platos y envases y envoltorios que contienen alimentos) (art. 4); - Restricciones a la introducción en el mercado, estableciendo que los Estados Miembros prohibirán, antes del 3 de julio de 2021, la introducción en el mercado de los productos de plástico de un solo uso incluidos en el Anexo B (bastoncillos de algodón, cubiertos, platos, pajitas, agitadores de bebidas, recipientes para alimentos, con determinadas características, etc.) (art. 5); - Restricciones y requisitos aplicables a los productos, previendo que los Estados Miembros velarán por que los productos de plástico de un solo uso del Anexo C (recipientes para bebidas de hasta 3 litros de capacidad, como botellas y envases compuestas para bebidas, con sus tapas y tapones, pero no los recipientes de vidrio aunque las tapas y tapones sean de plástico ni los recipientes para bebidas y alimentos para usos médicos especiales) que tengan tapas y tapones de plástico solo puedan introducirse en el mercado si las tapas y los tapones permanecen unidos al recipiente durante la fase de utilización prevista de dicho producto; debiendo adoptar la Comisión, antes del 1 de enero de 2022, las normas para el cálculo y la verificación de los objetivos fijados (art. 6).

Restricciones y requisitos aplicables a botellas para bebidas del Anexo F, estableciéndose que los Estados Miembros velarán por que en 2025 las botellas cuyo principal componente en la fabricación sea el tereftalato de polietileno (botellas PET) contengan al menos un 25 % de plástico reciclado, y un 30% en 2030, calculado como una media de todas las botellas PET introducidas en el mercado dentro de su territorio (art. 6).

Los Estados miembros velarán por que cada uno de los productos de plástico de un solo uso del Anexo D (compresas, tampones higiénicos y aplicadores de tampones; toallitas húmedas, prehumedecidas para higiene personal y usos domésticos; productos del tabaco con filtros y filtros comercializados para utilizarse en combinación con productos del tabaco, y vasos para bebidas) introducido en el mercado lleve, en su envase o en el propio producto, una marca bien visible, claramente legible e indeleble que informe a los consumidores sobre las opciones adecuadas de gestión de los residuos del producto o los medios de eliminación de los residuos que deben evitarse para ese producto, en consonancia con la jerarquía de residuos, y sobre la presencia de plásticos en el producto y el consiguiente impacto medioambiental negativo de los vertidos de basura dispersa o de los medios inadecuados de eliminación de residuos del producto en el medio ambiente (art. 7).

Se prevé que los Estados miembros velarán por que se establezcan regímenes de responsabilidad ampliada del productor en relación con todos los productos de plástico de un solo uso del Anexo E (que tiene tres secciones incluyendo: I-recipientes para alimentos para consumir inmediatamente, in situ o para llevar, envases y envoltorios de material flexible, ciertos recipientes para bebidas, vasos para bebidas y bolsas de plásticos ligeras; II-toallitas húmedas y globos que se distribuyan a los consumidores; III-productos de tabaco con filtros y filtros para utilizarse con estos productos) que se hayan introducido en el mercado del mismo; estableciéndose que para los productos de la sección I del Anexo E, dicho régimen incluye que los productores correspondientes han de sufragar ciertos costes (de medidas de concienciación, de recogida y de limpieza de los vertidos de basura dispersa de tales productos), y para los de la sección III (además, los costes de la recogida de los residuos de dichos productos desechados en los sistemas públicos de recogida, incluidos la infraestructura y su funcionamiento, y el posterior transporte y tratamiento de los residuos, e incluso el coste de infraestructura de recogida específica), con ciertos requisitos (art. 8).

Se prevé que los Estados miembros adoptarán las medidas necesarias para garantizar una recogida por separado, para su reciclado a más tardar en 2025, de una cantidad de residuos de los productos de plástico de un solo uso del Anexo F (ciertas botellas para bebidas) equivalente al 77 % en peso de tales productos de plástico de un solo uso introducidos en el mercado en un año determinado, y a más tardar en 2029 del 90 % en peso de tales productos (art. 9).

Se establecen medidas de concienciación e información, al prever que los Estados Miembros adoptarán medidas para informar a los consumidores y para incentivar un comportamiento responsable de los mismos, con el fin de reducir los vertidos de basura dispersa de los productos objeto de la Directiva, y adoptarán medidas para informar a los consumidores de los productos de plástico de un solo uso del Anexo G (tales como recipientes para alimentos, envases y envoltorios fabricados con material flexible, ciertos recipientes para bebidas, vasos para bebidas, toallitas húmedas, bolsas de plástico ligeras, etc.) y a los usuarios de artes de pesca que contienen plástico (art. 10). Finalmente, la Directiva establece, además, disposiciones sobre coordinación de las medidas, especificaciones y directrices sobre los productos de plástico de un solo uso, sistemas de información e informes, sanciones (a regular e imponer, en su caso, por los Estados Miembros), evaluación y revisión (arts. 11 a 15).

III. INTERVENCIONES EN EL ÁMBITO COMUNITARIO PARA FRENAR LA PRODUCCIÓN DE PLÁSTICOS

Siguiendo el trabajo de CALVO VÉRGEZ[62]: «El anuncio efectuado por la Comisión Europea durante el mes de mayo de 2020 relativo a la creación de un «Fondo para la Recuperación» destinado a ayudar a las economías del conjunto de los Estados de la UE-27 seriamente dañadas por los estragos provocados por la pandemia de la COVID-19, cuya financiación habría de acometerse, en parte, con recursos propios de la Unión procedentes de la creación, entre otros nuevos gravámenes, de un impuesto sobre el plástico, ha puesto el «foco» de la doctrina tributaria en el análisis de esta nueva figura tributaria, de carácter novedoso tanto a nivel comunitario como, al menos parcialmente, a nivel interno. Como seguramente se recordará la Directiva 94/62/CE del Parlamento Europeo y del Consejo, de 20 de diciembre de 1994, relativa a los envases y residuos de envases, se aprobó en su día para prevenir o reducir el impacto en el medio ambiente de los envases y de sus residuos. Esta Directiva se incorporó al ordenamiento jurídico español mediante la aprobación de la Ley 11/1997, de 24 de abril, de Envases y Residuos de Envases, desarrollada a través del Real Decreto 782/1998, de 30 de abril, por el que se aprobó el Reglamento para el desarrollo y ejecución de la citada Ley 11/1997. Ahora bien, aunque las bolsas de plástico son envases en el sentido que establece la Directiva 94/62/CE, la redacción original de esta Directiva no contiene disposiciones específicas sobre el consumo de este tipo de envases. Ciertamente se ha de reconocer que los actuales niveles de consumo de bolsas de plástico producen unos elevados porcentajes de residuos dispersos y suponen un uso ineficaz de los recursos, siendo previsible además que aumenten si no se toman las medidas adecuadas. Las bolsas de plástico dispersas

---

62. «A vueltas con la creación de un gravamen medioambiental sobre el plástico: situación actual y perspectivas de futuro a nivel comunitario (y estatal)» BIB 2021/1184, **Revista Aranzadi Unión Europea** num.3/2021.

provocan contaminación en el medio ambiente y agravan el problema generalizado derivado de la presencia de residuos en las masas de agua, lo que supone una amenaza para los ecosistemas acuáticos en el ámbito mundial. Las bolsas de plástico con un espesor de menos de 50 micras (las llamadas «bolsas de plástico ligeras»), que representan la inmensa mayoría del número total de bolsas de plástico consumidas en la Unión Europea (UE), se reutilizan con menor frecuencia que las bolsas más gruesas. De este modo las citadas bolsas de plástico ligeras se convierten en residuos más rápidamente y tienden a dispersarse como basura con mayor frecuencia debido a su reducido peso. Las tasas actuales de reciclado de bolsas de plástico ligeras son muy bajas y, atendiendo a una serie de dificultades prácticas y económicas, no es probable que alcancen niveles significativos en el futuro próximo. Ya en su día, con la finalidad de dar solución a la citada situación controvertida planteada, en el ámbito de la Unión Europea se aprobó la Directiva (UE) 2015/720 del Parlamento Europeo y del Consejo, de 29 de abril de 2015, por la que se modificó la anteriormente citada Directiva 94/62/CE en lo que se refiere a la reducción del consumo de bolsas de plástico ligeras. De acuerdo con lo establecido en la Directiva 2015/720 los Estados miembros han de adoptar medidas con el fin de reducir de forma sostenida, en su territorio, el consumo de bolsas de plástico ligeras. Para ello la Directiva 2015/720 proporcionaba varias opciones a los Estados miembros entre las que se incluía el establecimiento de objetivos nacionales de reducción, la introducción de instrumentos económicos, así como, en su caso, las restricciones a su comercialización, siempre que estas restricciones sean proporcionadas y no discriminatorias. Asimismo, se señalaba en la citada Directiva que dichas medidas podrían variar dependiendo de la incidencia en el medio ambiente de las bolsas de plástico ligeras cuando se valorizan o se desechan, de sus propiedades a efectos de compostaje, de su durabilidad o de su uso específico previsto. En cualquier caso los Estados miembros quedaron obligados a establecer, al menos, una de las siguientes medidas: la adopción de medidas que garanticen que el nivel de consumo anual no supere las 90 bolsas de plástico ligeras por persona a más tardar el 31 de diciembre de 2019 y 40 bolsas de plástico ligeras por persona a más tardar el 31 de diciembre de 2025 o un objetivo equivalente expresado en peso; o la adopción de instrumentos que garanticen que, a más tardar el 31 de diciembre de 2018, no se entreguen gratuitamente bolsas de plástico ligeras en los puntos de venta de mercancías o productos, a menos que se apliquen instrumentos igualmente eficaces. La Directiva 2015/720 permite que los Estados miembros excluyan de estas medidas las bolsas de menos de 15 micras de espesor, usadas por motivos de higiene o para evitar las pérdidas de alimentos. Asimismo, la citada Directiva establece que, a partir del 27 de mayo de 2018, los Estados miembros informarán del consumo anual de bolsas de plástico ligeras, cuando faciliten a la Comisión Europea datos sobre envases y residuos de envases de conformidad con la normativa vigente. Para el resto de bolsas de plástico (las de espesor igual o superior a 50 micras) la Directiva prevé que los Estados miembros puedan adoptar diversas medidas tales como los instrumentos económicos y objetivos nacionales de reducción. Se otorga especial importancia a la información al público y a las campañas de concienciación sobre las consecuencias negativas para el medio ambiente del consumo excesivo de bolsas de plástico ligeras, que deberán realizar los Estados miembros. Por otra parte, durante el mes de mayo de 2018 la Comisión Europea presentó una Propuesta de Directiva destinada a reducir el uso de los diez productos fabricados con plástico que se encuentran con más frecuencia en las playas y mares del Continente. Concretamente la prohibición se aplicaría a los bastoncillos de algodón, cubiertos, platos, pajitas, agitadores de bebidas y palitos de globos de plástico. Los recipientes de bebidas de un solo uso de plástico tendrían sus tapas unidos a ellos. A través de la citada regulación se pretende reducir el uso de los envases de comida y vasos de plástico. A tal fin pueden establecerse objetivos de reducción a nivel nacional, ofrecer productos alternativos o cobrar por ellos. Los productores de plástico habrían de contribuir a cubrir los costes de la gestión, limpieza de residuos y medidas de sensibilización. También se les ofrecerían incentivos para desarrollar alternativas. Los países miembros estarían obligados a recoger el 90% de las botellas de bebidas de plástico de un solo uso de aquí a 2025. Y algunos productos tales como compresas, toallitas húmedas y globos habrían de llevar una etiqueta con información sobre el modo de eliminación de los residuos, su impacto ambiental y la presencia de plásticos. Finalmente la Directiva aprobada al efecto [Directiva (UE) 2019/904 del Parlamento Europeo y del Consejo, de 5 de junio de 2019, relativa a la reducción del impacto de determinados productos de plástico en el medio ambiente] establece que los productos de plástico de un solo uso no puedan comercializarse si hay alternativas fácilmente disponibles y asequibles, como los bastoncillos de algodón, cubiertos, platos, pajitas, agitadores de bebidas y palitos de globos de plástico, los productos de plástico oxodegradable y los recipientes alimentarios y de bebidas de poliestireno expandido. Respecto de otros productos se limitará su uso imponiendo una reducción del consumo a nivel nacional, aplicar requisitos de diseño y etiquetado e imponer obligaciones de gestión y limpieza de residuos a los productores. En efecto, la citada norma comunitaria prohíbe los productos plásticos de un solo uso como cubiertos, vasos, pajitas y bastoncillos de algodón, obligando a reducir el uso de otros, como los recipientes de alimentos consumidos en el propio envase, estableciendo porcentajes mínimos de reciclado, como el 25% de las botellas en 2029 y exigiendo que los fabricantes (incluidas las tabaqueras, por los filtros de los cigarrillos) paguen la recogida y el reciclado del 90% de sus productos usados, con sistemas de responsabilidad ampliada del productor. Si bien a priori los Estados miembros dispondrían de un plazo de dos años para incorporar el contenido de la Directiva a su legislación, nada impide que lo hagan antes o que la endurezcan para que afecte a más productos, si bien la Comisión Europea se ha mostrado partidaria de que no se traspongan las prohibiciones de la norma antes de la fecha límite establecida (el 3 julio de 2021 en la mayoría de los casos), al objeto de evitar que se rompa la unidad del mercado europeo. Con carácter adicional desde la Comisión se aboga por que el conjunto de los Estados informen a aquella de las medidas técnicas que vayan a adoptar relacionadas con la Directiva antes de que entren en vigor (especialmente si las mismas resultasen más restrictivas) al objeto de comprobar que no contravienen otras disposiciones europeas, con especial atención a las de higiene y seguridad alimentaria. En caso contrario los Estados habrían de acreditar que el mayor rigor es necesario para cumplir los objetivos y que no se discrimina o restringe el comercio intracomunitario arbitrariamente. En todo caso a mediados del mes de enero de 2020 la Comisión anunció su intención de elaborar unas Guías con los productos afectados por la Directiva y con los costes relativos a la recogida de residuos vinculada a la responsabilidad ampliada de los productores. De cualquier manera, y por lo que interesa en particular al objeto de nuestro análisis, a principios del mes de enero de 2018 se conoció que la Comisión Europea tenía previsto proponer la creación de un impuesto europeo sobre el plástico destinado a reducir el uso de envases de este material, así como para obtener nuevos ingresos para el Presupuesto comunitario. En efecto, a través de la creación del citado gravamen la Comisión preveía obtener nuevos recursos en el marco presupuestario plurianual que se debía aprobar en 2020, cuando la salida del Reino Unido con motivo del proceso del Brexit dejase un «agujero» de entre 12.000 y 15.000 millones de euros en las arcas europeas. El nuevo gravamen podría cobrarse a la industria al inicio del ciclo de producción o bien al final de la cadena de consumo al comprador. Asimismo, podrían incluirse exenciones cuando el uso de plástico sea de «interés general» (caso, por ejemplo, de los cartones de leche, necesarios por motivos de higiene y salud). Desde la Comisión se estima que el consumo de plástico en la UE resulta en la actualidad demasiado elevado y que los desperdicios generados se han trasladado tradicionalmente a terceros países (caso, por ejemplo, de China) para ser reciclados o reutilizados. Sin embargo, con efectos desde el 1 de enero de 2018 el citado país asiático cerró sus mercados a los desechos plásticos de otras partes del mundo, motivo por el cual Europa debe encontrar alternativas destinadas a evitar el perjuicio que genera el consumo de plástico, sobre todo a los océanos y su ecosistema. Con carácter adicional, y al margen del citado objetivo ambiental, la presente iniciativa de la Comisión se enmarcaba también dentro de los esfuerzos llevados a cabo por encontrar nuevas fuentes de financiación para el Presupuesto de la UE, dónde la Comisión apuesta por considerar la introducción tasas relativas al medio ambiente. Asimismo, desde la Comisión se valoraba la posibilidad de que los ingresos que se generan por el comercio internacional de derechos de emisiones de dióxido de carbono en el denominado mercado de carbono europeo (EU ETS) se transfieran directamente al Presupuesto comunitario en lugar de ir a los Presupuestos nacionales, tal y como ha venido sucediendo[63].

---

63. Para la realización de este epígrafe hemos seguido en su totalidad la brillante exposición que realiza Calvo Vérgez, J., en su trabajo ya citado, «A vueltas con la creación de un gravamen medioambiental sobre el plástico: situación actual y perspectivas de futuro a nivel comunitario (y estatal)» BIB 2021/1184, **Revista Aranzadi Unión Europea** num.3/2021.

III.1. La Directiva (UE) 2015/720 contra el consumo de bolsas de plástico

La Directiva (UE) 2015/720 del Parlamento Europeo y del Consejo, de 29 de abril de 2015, por la que se modifica la Directiva 94/62/CE en lo que se refiere a la reducción del consumo de bolsas de plástico ligeras, establece la estrategia de la Unión Europea frente al problema, concretamente propone medidas de diferente naturaleza a partir de las que cada Estado miembro debe elaborar su propia política de intervención. Esta Directiva resulta coherente con la declaración de objetivos del art. 1 de la Directiva 2008/98/CE del Parlamento Europeo y del Consejo, de 19 de noviembre de 2008, sobre los residuos *«La presente Directiva establece medidas destinadas a proteger el medio ambiente y la salud humana mediante la prevención o la reducción de los impactos adversos de la generación y gestión de los residuos, la reducción de los impactos globales del uso de los recursos y la mejora de la eficacia de dicho uso».*

Su elaboración está respaldada por una interesante y fundamentada evaluación de impacto que justifica las diferentes alternativas de actuación propuestas a los Estados miembros; y guarda conexión con la Estrategia *«EU2020 Flagship»* sobre eficiencia de recursos y con la «Hoja de ruta por una Europa de recursos eficientes» (COM (2011) 571).

La versión precedente de la Directiva 94/62/CE del Parlamento Europeo y del Consejo, de 20 de diciembre de 1994, relativa a los envases y residuos de envases —coloquialmente denominada *«Packaging Directive»*—, abordó previamente el problema de las bolsas de plástico aunque a través de recomendaciones focalizadas sobre su reciclaje, dispensando un tratamiento inadecuado, además de insuficiente a la vista de la dimensión del problema. En cambio, la Directiva (UE) 2015/720 realiza unos importantes reajustes con el objetivo común de establecer las bases comunes para la lucha frente al problema de las bolsas de plástico en el marco de la Unión Europea, aunque dejando en manos de los Estados miembros el diseño de las correspondientes políticas; concretamente, actúa sobre las *«bolsas ligeras»*, entendidas como aquellas bolsas de plástico con un espesor inferior a 50 micras, con la finalidad de fomentar su reutilización. Como posibles medidas a adoptar por los Estados miembros contempla: el establecimiento de objetivos de reducción nacionales, el mantenimiento o la introducción de instrumentos económicos, o bien restricciones a la comercialización como excepción a la libertad de puesta en el mercado a condición de que sean proporcionadas y no discriminatorias.

La presente Directiva fomenta los planteamientos circulares que dan prioridad a los productos reutilizables, sostenibles y no tóxicos y a los sistemas de reutilización frente a los productos de un único uso, con el objetivo primordial de reducir la cantidad de residuos generados. Dicha prevención de residuos ocupa el primer puesto en la jerarquía de residuos que establece la Directiva 2008/98/CE del Parlamento Europeo y del Consejo. La presente Directiva contribuirá a alcanzar el Objetivo de Desarrollo Sostenible de las Naciones Unidas n.º12 para garantizar modalidades de consumo y producción sostenibles, que forma parte de la Agenda 2030 para el Desarrollo Sostenible adoptada por la Asamblea General de las Naciones Unidas el 25 de septiembre de 2015. Si se conserva el valor de los productos y materiales el mayor tiempo posible y se generan menos residuos, la economía de la Unión puede ser más competitiva y resiliente, reduciendo al mismo tiempo la presión sobre recursos de gran valor y sobre el medio ambiente.

Para delimitar claramente el ámbito de aplicación de la presente Directiva, debe definirse el concepto de «producto de plástico de un solo uso». La definición debe excluir los productos de plástico concebidos, diseñados e introducidos en el mercado para completar en su período de vida múltiples circuitos o rotaciones al ser rellenados o reutilizados con el mismo fin para el que fueron concebidos. Los productos de plástico de un solo uso suelen estar concebidos para utilizarlos una única vez o por un período corto de tiempo antes de desecharlos. Las toallitas prehumedecidas para el cuidado personal y el uso doméstico también deben entrar en el ámbito de aplicación de la presente Directiva, mientras que las toallitas húmedas industriales deben quedar excluidas. Para aclarar con más detalle si un producto debe ser considerado un producto de plástico de un solo uso a los efectos de la presente Directiva, la Comisión debe elaborar directrices sobre los productos de plástico de un solo uso. A la vista de los criterios establecidos en la presente Directiva, los recipientes para alimentos considerados productos de plástico de un solo uso a efectos de la presente Directiva son los recipientes de comida rápida o envases de comida, bocadillos, emparedados o ensalada que contienen alimentos fríos o calientes o los recipientes para alimentos frescos o procesados que no requieren preparación posterior, como las frutas, las verduras o los postres. Algunos ejemplos de recipientes para alimentos que no son considerados productos de plástico de un solo uso a efectos de la presente Directiva son los recipientes que contienen alimentos desecados o vendidos fríos que requieren preparación posterior, recipientes que contienen porciones de alimentos mayores a las porciones individuales o recipientes con porciones individuales de alimentos vendidos en forma de varias unidades.

A los productos de plástico de un solo uso que son objeto de la presente Directiva deben aplicárseles una o varias medidas, dependiendo de distintos factores, tales como la disponibilidad de alternativas adecuadas y más sostenibles, la viabilidad de cambiar modelos de consumo y la medida en que ya se les aplique la legislación vigente de la Unión.

En el caso de algunos productos de plástico de un solo uso, aún no se dispone de alternativas adecuadas y más sostenibles, y se espera que aumente el consumo de la mayoría de ellos. Para invertir esa tendencia y promover los esfuerzos hacia soluciones más sostenibles, debe exigirse a los Estados miembros que adopten las medidas necesarias, por ejemplo establecer objetivos nacionales de reducción del consumo, para lograr una reducción ambiciosa y sostenida del consumo de esos productos, sin comprometer la higiene de los alimentos, la seguridad alimentaria, las buenas prácticas de higiene, las prácticas correctas de fabricación, la información a los consumidores o los requisitos de trazabilidad establecidos en los Reglamentos (CE) n.°178/2002, (CE) n. 852/2004 y (CE) n.°1935/2004 del Parlamento Europeo y del Consejo y en otra legislación pertinente en materia de seguridad alimentaria, higiene y etiquetado. Los Estados miembros deben tener el máximo nivel de ambición posible para esas medidas, que deben generar un giro sustancial en las tendencias de consumo crecientes y conducir a una reducción cuantitativa medible. Dichas medidas deben tener en cuenta el impacto de los productos a lo largo de su ciclo de vida, también cuando se encuentran en el medio marino, y deben respetar la jerarquía de residuos.

Cuando los Estados miembros decidan aplicar esa obligación mediante restricciones de mercado, deben velar por que las restricciones sean proporcionadas y no discriminatorias. Los Estados miembros deben fomentar el uso de productos que sean aptos para usos múltiples y que, una vez convertidos en residuos, puedan prepararse para su reutilización y reciclado.

En el caso de otros productos de plástico de un solo uso, ya se dispone de alternativas adecuadas y más sostenibles que, además, son asequibles. Para limitar los efectos negativos de tales productos de plástico de un solo uso en el medio ambiente, debe exigirse a los Estados miembros que prohíban su introducción en el mercado. De ese modo, se fomentaría la utilización de esas alternativas ya disponibles y más sostenibles y se impulsarían soluciones innovadoras hacia modelos de negocio más sostenibles, alternativas de reutilización y la sustitución de materiales. Las restricciones de introducción en el mercado contempladas en la presente Directiva también deben aplicarse a los productos fabricados con plásticos oxodegradables, ya que ese tipo de plástico no se biodegrada correctamente y contribuye por tanto a la contaminación del medio ambiente con microplásticos, no es compostable, afecta negativamente al reciclado del plástico convencional y no ofrece beneficios medioambientales comprobados. Asimismo, habida cuenta de la enorme presencia de residuos de poliestireno expandido en el medio marino y de la disponibilidad de alternativas, también deben restringirse los recipientes para alimentos y de bebidas y los vasos para bebidas de un solo uso fabricados con poliestireno expandido.

Los filtros de productos del tabaco que contienen plástico son el segundo artículo de plástico de un solo uso que más se encuentra en las playas de la Unión. Es preciso reducir el enorme impacto medioambiental causado por los residuos ocasionados por el consumo de productos de tabaco con filtros que contienen plástico, que se desechan de manera incontrolada directamente en el medio ambiente. Se espera que la innovación y desarrollo de productos faciliten alternativas viables a los filtros que contienen plástico, y es preciso acelerar esa evolución. Los regímenes de responsabilidad ampliada del productor para los productos del tabaco con filtros que contienen plástico deben también estimular la innovación que conduzca al desarrollo de alternativas sostenibles para los filtros de productos del tabaco que contienen plástico. Los Estados miembros deben promover medidas de varios tipos para reducir el vertido de basura dispersa procedente de los residuos ocasionados por el consumo de productos del tabaco con filtros que contienen plástico.

Las tapas y tapones de plástico utilizados en recipientes para bebidas de plástico son algunos de los artículos de plástico de un solo uso que más se encuentran en las playas de la Unión. Por consiguiente, los recipientes para bebidas que sean productos de plástico de un solo uso solo podrán introducirse en el mercado si cumplen unos requisitos específicos de diseño de productos que reduzcan significativamente la dispersión en el medio ambiente de tapas y tapones de plástico de esos recipientes. En el caso de los recipientes para bebidas que sean a la vez productos y envases de plástico de un solo uso, ese requisito se añade a los requisitos básicos sobre la composición y la naturaleza reutilizable y valorizable, en particular reciclable, de los envases enumerados en el anexo II de la Directiva 94/62/CE.

Para facilitar el cumplimiento del requisito relativo al diseño de los productos y garantizar un funcionamiento correcto del mercado interior, es necesario desarrollar una norma armonizada que se adopte de conformidad con el Reglamento (UE) n.º 1025/2012 del Parlamento Europeo y del Consejo, y cuyo cumplimiento debe permitir presuponer la conformidad con esos requisitos. Por tanto, reviste la más alta prioridad el desarrollo oportuno de una norma armonizada para garantizar una aplicación efectiva de la presente Directiva. Debe garantizarse un tiempo suficiente para la elaboración de la norma armonizada y para que los fabricantes puedan adaptar sus cadenas de producción en relación con la aplicación del requisito relativo al diseño de los productos. Con el fin de garantizar el uso circular de los plásticos, es necesario promover la introducción en el mercado de los materiales reciclados. Procede, por consiguiente, introducir requisitos que impongan un contenido mínimo obligatorio de plástico reciclado en las botellas para bebidas.

Reglamento (UE) n.º 1025/2012 del Parlamento Europeo y del Consejo, de 25 de octubre de 2012, sobre la normalización europea, por el que se modifican las Directivas 89/686/CEE y 93/15/CEE del Consejo y las Directivas 94/9/CE, 94/25/CE, 95/16/CE, 97/23/CE, 98/34/CE, 2004/22/CE, 2007/23/CE, 2009/23/CE y 2009/105/CE del Parlamento Europeo y del Consejo y por el que se deroga la Decisión 87/95/CEE del Consejo y la Decisión n.º 1673/2006/CE del Parlamento Europeo y del Consejo (DO L 316 de 14.11.2012, p. 12).

Los productos de plástico deben fabricarse teniendo en cuenta todo su período de vida. El diseño de los productos de plástico siempre debe tener en cuenta las fases de producción y de uso y la posibilidad de reutilización y de reciclado del producto. En el contexto de la revisión que se ha de llevar a cabo con arreglo al artículo 9, apartado 5, de la Directiva 94/62/CE, la Comisión debe tener en cuenta las propiedades respectivas de los distintos materiales de los envases, incluidos los materiales compuestos, sobre la base de evaluaciones del ciclo de vida, abordando en particular la prevención de residuos y el diseño para la circularidad.

Debe evitarse la presencia de sustancias químicas peligrosas en compresas, tampones y aplicadores de tampones en aras de la salud de las mujeres. En el marco del proceso de restricciones conforme al Reglamento (CE) n.º 1907/2006, conviene que la Comisión evalúe restricciones adicionales en relación con esas sustancias.

Algunos productos de plástico de un solo uso acaban en el medio ambiente como consecuencia de una eliminación inadecuada por el sistema de alcantarillado u otros tipos inapropiados de liberación en el medio ambiente. Además, la eliminación a través del sistema de alcantarillado puede provocar daños económicos importantes en las redes de alcantarillado, al obstruir las bombas y bloquear las tuberías. Frecuentemente hay una falta de información sobre las características materiales de esos productos o sobre los medios de eliminación adecuado de los residuos. Por consiguiente, los productos de plástico de un solo uso que suelen eliminarse con frecuencia por el sistema de alcantarillado o por otros medios inadecuados deben estar sujetos a unos requisitos de marcado. El marcado debe informar a los consumidores sobre las opciones adecuadas de gestión de residuos para el producto o de los medios de eliminación que deben evitarse para dicho producto en consonancia con la jerarquía de residuos, y sobre la presencia de plásticos en el producto, así como los impactos negativos para el medio ambiente resultantes del vertido de basura dispersa u otros medios inadecuados de eliminación del producto. El marcado debe fijarse en el paquete del producto de plástico o directamente en el propio producto, según proceda. La Comisión debe estar facultada para establecer especificaciones armonizadas para el marcado y, al hacerlo, debe, en su caso, poner a prueba la percepción del marcado propuesto entre grupos representativos de consumidores para asegurarse de que es eficaz y fácilmente comprensible. Los requisitos de marcado ya se aplican a los artes de pesca en virtud del Reglamento (CE) n.º 1224/2009.

Por lo que se refiere a los productos de plástico de un solo uso para los que no se disponga todavía de alternativas adecuadas y más sostenibles, los Estados miembros, de conformidad con el principio de que quien contamina paga, deben introducir también regímenes de responsabilidad ampliada del productor para sufragar los gastos necesarios de la gestión de los residuos y de la limpieza de los vertidos de basura dispersa, así como los costes de las medidas de concienciación para prevenir y reducir esos vertidos. Esos costes no deben ser superiores a los costes necesarios para la prestación de dichos servicios de manera económicamente eficiente y deben ser determinados de forma transparente entre los interesados.

La Directiva 2008/98/CE establece requisitos mínimos generales aplicables a los regímenes de responsabilidad ampliada del productor. Esos requisitos deben aplicarse a los regímenes de responsabilidad ampliada del productor establecidos en la presente Directiva, con independencia de si su modo de aplicación es mediante un acto legislativo o mediante acuerdos con arreglo a la presente Directiva. La pertinencia de algunos de los requisitos depende de las características del producto. No se exige la recogida separada para garantizar un tratamiento adecuado en línea con la jerarquía de los residuos para los productos del tabaco con filtros que contienen plástico, las toallitas húmedas y los globos. Por tanto, no debe ser obligatoria la recogida separada para esos productos. La presente Directiva debe establecer requisitos en materia de responsabilidad ampliada del productor adicionales a aquellos que figuran en la Directiva 2008/98/CE, por ejemplo el de que los fabricantes de determinados productos de plástico de un solo uso sufraguen los costes de la limpieza de los vertidos de basura. Debe ser igualmente posible cubrir los costes del establecimiento de la infraestructura específica de la recogida de los residuos posteriores al consumo de productos del tabaco, como los recipientes apropiados para esos residuos en lugares donde habitualmente se concentra su vertido. La metodología de cálculo para los costes de la limpieza de vertidos de basura dispersa debe tener en cuenta consideraciones de proporcionalidad. Para reducir al mínimo los costes administrativos, los Estados miembros deben poder determinar las contribuciones financieras de los costes de limpieza de los vertidos de basura dispersa estableciendo cantidades plurianuales fijas adecuadas.

El gran porcentaje de plásticos procedentes de artes de pesca desechados, incluidos los artes de pesca abandonados y perdidos, presentes en la basura marina pone de manifiesto que los requisitos legales existentes establecidos en el Reglamento (CE) n.º1224/2009 y en las Directivas 2000/59/CE y 2008/98/CE no ofrecen incentivos suficientes para devolver esos artes de pesca a tierra para su recogida y tratamiento. El sistema de tarifas indirectas establecido en virtud de la Directiva (UE) 2019/883 del Parlamento Europeo y del Consejo establece un sistema para eliminar el incentivo que hace que los buques descarguen sus residuos en el mar y garantiza el derecho de entregarlos. Ese sistema, sin embargo, debe completarse con otros incentivos financieros adicionales para que los pescadores devuelvan a tierra sus residuos de artes de pesca y se evite el posible aumento de la tarifa indirecta que deben abonar por los residuos. Como los componentes de plástico de los artes de pesca tienen un alto potencial de reciclado, los Estados miembros, de conformidad con el principio de que quien contamina paga, deben introducir la responsabilidad ampliada del productor por los artes de pesca y los componentes de los artes de pesca que contienen plástico a fin de proceder a la recogida separada de los residuos de artes de pesca y financiar su buena gestión medioambiental, en particular su reciclado.

Directiva (UE) 2019/883 del Parlamento Europeo y del Consejo, de 17 de abril de 2019, relativa a las instalaciones portuarias receptoras a efectos de la entrega de desechos de los buques, por la que se modifica la Directiva 2010/65/UE y se deroga la Directiva 2000/59/CE (DO L 151 de 7.6.2019, p. 116).

En el marco de la responsabilidad ampliada del productor en lo que se refiere a los artes de pesca que contienen plástico, los Estados miembros deben vigilar y evaluar los artes de pesca que contienen plástico en consonancia con las obligaciones de información establecidas en la presente Directiva.

Aunque toda la basura marina que contiene plástico supone un riesgo para el medio ambiente y la salud humana y debe hacerse frente a ese problema, es preciso tener en cuenta también la cuestión de la proporcionalidad. Por consiguiente, no debe considerarse a los pescadores y a los fabricantes artesanos de artes de pesca que contienen plástico como productores y responsables del cumplimiento de las obligaciones del productor relativas a la responsabilidad ampliada del productor.

Los incentivos económicos y de otro tipo para impulsar opciones sostenibles por parte de los consumidores y promover un comportamiento responsable de estos pueden ser un instrumento efectivo para el logro de los objetivos de la presente Directiva.

Las botellas para bebidas que son productos de plástico de un solo uso son uno de los artículos que se encuentran con más frecuencia entre la basura marina de las playas en la Unión. Esto se debe a la ineficacia de los sistemas de recogida separada y a la escasa participación de los consumidores en esos sistemas. Es necesario promover sistemas de recogida separada más eficientes. Por tanto, debe establecerse un objetivo mínimo de recogida separada aplicable a las botellas para bebidas que son productos de plástico de un solo uso. Cuando la obligación de recoger residuos por separado exige que estos se separen por tipo y naturaleza, debe ser posible recoger juntos determinados tipos de residuos, siempre que esto no impida un reciclado de alta calidad, en consonancia con la jerarquía de residuos con arreglo al artículo 10, apartado 2 y apartado 3, letra a), de la Directiva 2008/98/CE. El establecimiento de un objetivo de recogida separada debe basarse en la cantidad de botellas para bebidas de plástico de un solo uso comercializadas en un Estado miembro, o de manera alternativa, en la cantidad residuos de botellas para bebidas de plástico de un solo uso que se generen en un Estado miembro. El cálculo del peso de los residuos generados en un Estado miembro debe tener en cuenta todos los residuos de botellas para bebidas de plástico de un solo uso generados, incluidos los que se convierten en basura dispersa en lugar de recogerse en los sistemas de recogida de residuos. Los Estados miembros deben tener la posibilidad de alcanzar ese objetivo mínimo estableciendo objetivos de recogida separada para las botellas para bebidas que son productos de plástico de un solo uso en el marco de los regímenes de responsabilidad ampliada del productor, estableciendo sistemas de depósito, devolución y retorno o cualquier otra medida que consideren adecuada. Ello va a tener un impacto positivo directo sobre el índice de recogida, la calidad del material recogido y de los materiales reciclados, ofreciendo oportunidades a las empresas de reciclado y al mercado de materiales reciclados. Va a sostener el logro de objetivos de reciclado para los residuos de envases que figuran en la Directiva 94/62/CE.

Para prevenir los vertidos de basura dispersa y otros medios inadecuados de eliminación de residuos que generen basura marina que contenga plástico, es necesario que los consumidores y otros usuarios estén correctamente informados sobre la disponibilidad de alternativas reutilizables y sistemas de reutilización, sobre las opciones disponibles de gestión de residuos más apropiadas o sobre las opciones de eliminación de residuos que deben evitarse, sobre las mejores prácticas para una gestión correcta de residuos y sobre el impacto ambiental de las malas prácticas de eliminación, así como sobre el contenido de plástico de determinados productos de plástico de un solo uso y artes de pesca y el impacto de la eliminación inadecuada de residuos en la red de alcantarillado. Por lo tanto, debe exigirse a los Estados miembros que adopten medidas de concienciación para garantizar que dicha información se comunique a los consumidores y otros usuarios. La información no debe tener ningún contenido promocional que fomente el uso de los productos de plástico de un solo uso. Los Estados miembros deben tener la posibilidad de elegir las medidas más adecuadas en función de la naturaleza del producto o de su uso. Los fabricantes de productos de plástico de un solo uso y de artes de pesca que contienen plástico deben sufragar los costes de las medidas de concienciación como parte de sus obligaciones en el marco de la responsabilidad ampliada del productor.

El objetivo de la presente Directiva es proteger el medio ambiente y la salud humana. Como ha declarado el Tribunal de Justicia en reiteradas ocasiones, resulta incompatible con el carácter vinculante que el artículo 288, párrafo tercero, del Tratado de Funcionamiento de la Unión Europea reconoce a una directiva excluir, en principio, que una obligación que esta imponga pueda ser invocada por las personas afectadas. Esta consideración se aplica en particular respecto a una directiva cuyo objetivo sea prevenir y reducir el impacto de determinados productos de plástico en el medio ambiente acuático.

Es importante hacer el seguimiento de los niveles de basura marina en la Unión para evaluar la aplicación de la presente Directiva. De conformidad con la Directiva 2008/56/CE, los Estados miembros deben efectuar periódicamente el seguimiento de las características y las cantidades de basura marina, incluida la de residuos plásticos. Dichos datos de seguimiento deben también comunicarse a la Comisión.

Los Estados miembros deben establecer el régimen de sanciones aplicables a cualquier infracción de las disposiciones nacionales adoptadas al amparo de la presente Directiva y deben adoptar todas las medidas necesarias para garantizar su ejecución. Tales sanciones deben ser efectivas, proporcionadas y disuasorias.

En virtud del apartado 22 del Acuerdo Interinstitucional de 13 de abril de 2016 sobre la mejora de la legislación, la Comisión debe llevar a cabo una evaluación de la presente Directiva. Esa evaluación debe basarse en la experiencia obtenida, en los datos recogidos en aplicación de la presente Directiva y en los datos recogidos en aplicación de las Directivas 2008/56/CE y 2008/98/CE. La evaluación debe proporcionar la base para un examen de posibles nuevas medidas, incluido el establecimiento de objetivos de reducción a escala de la Unión para 2030 y los años posteriores, y para determinar si, a la vista del seguimiento de la basura marina en la Unión, conviene revisar el anexo donde se enumeran los productos de plástico de un solo uso y si puede ampliarse el ámbito de aplicación de la presente Directiva a otros productos de un solo uso.

A fin de garantizar condiciones uniformes de ejecución de la presente Directiva, deben conferirse a la Comisión competencias de ejecución en lo que respecta a la metodología para el cálculo y la verificación del consumo anual de los productos de plástico de un solo uso para los que se hayan establecido objetivos de reducción del consumo, a las normas para el cálculo y la verificación del logro de los objetivos sobre el contenido reciclado mínimo de las botellas para bebidas de plástico de un solo uso, a las especificaciones para el marcado que debe colocarse en determinados productos de plástico de un solo uso, a la metodología para el cálculo y verificación del logro de los objetivos de recogida de productos de plástico de un solo uso para los que se hayan establecido objetivos de recogida separada y al formato de la comunicación de datos e información sobre la aplicación de la presente Directiva. Dichas competencias deben ejercerse de conformidad con el Reglamento (UE) n.°182/2011 del Parlamento Europeo y del Consejo.

Reglamento (UE) n.°182/2011 del Parlamento Europeo y del Consejo, de 16 de febrero de 2011, por el que se establecen las normas y los principios generales relativos a las modalidades de control por parte de los Estados miembros del ejercicio de las competencias de ejecución por la Comisión (DO L 55 de 28.2.2011, p. 13).

Procede permitir a los Estados miembros que opten por aplicar determinadas disposiciones de la presente Directiva mediante acuerdos entre las autoridades competentes y los sectores económicos interesados, siempre que se cumplan determinados requisitos específicos.

Combatir los vertidos de basura constituye un esfuerzo compartido entre las autoridades competentes, los productores y los consumidores. Las autoridades públicas incluidas las instituciones de la Unión deben dar ejemplo.

Dado que los objetivos de la presente Directiva, a saber, prevenir y reducir el impacto sobre el medio ambiente y la salud humana de determinados productos de plástico de un solo uso, de productos fabricados con plásticos oxo-degradables y de los artes de pesca que contienen plástico, y promover la transición hacia una economía circular, incluido el fomento de modelos empresariales, productos y materiales innovadores y sostenibles, contribuyendo así al funcionamiento eficiente del mercado interior, no pueden ser alcanzados de manera suficiente por los Estados miembros sino que, debido a la dimensión y los efectos de la acción, pueden lograrse mejor a nivel de la Unión, esta puede adoptar medidas, de acuerdo con el principio de subsidiariedad establecido en el artículo 5 del Tratado de la Unión Europea. De conformidad con el principio de proporcionalidad establecido en el mismo artículo, la presente Directiva no excede de lo necesario para alcanzar dichos objetivos.

III.2. Actuaciones legislativas para llevar a cabo por los Estados miembros

La Directiva (UE) 2015/720 establece dos vías posibles a adoptar por los Estados miembros, sin perjuicio de que emprendan las dos simultáneamente: por un lado, la adopción de instrumentos económicos antes del 31 de diciembre de 2018, que implican no entregar las bolsas gratuitamente mediante mecanismos como los impuestos, tal y como indica el artículo 4.1.bis.a) de la Directiva 94/62/CE; o bien, por otro lado, el establecimiento de medidas de otra naturaleza, siendo necesario dar cumplimiento a determinados objetivos de reducción:

90 bolsas de plástico ligeras por persona a más tardar el 31 de diciembre de 2019, y 40 bolsas para el 31 de diciembre de 2025.

Como bien ha indicado CALVO VÉRGEZ[64]: «Podemos observar cierta preferencia por los instrumentos económicos, subrayando el Considerando 11° de la Directiva que precios o impuestos resultan especialmente eficaces. En este mismo sentido, el Dictamen del Comité de las Regiones de 3 de abril de 2014 (2014/C 174/08), emitido en el marco del procedimiento legislativo de elaboración, insiste en diversas ocasiones sobre la conveniencia de los instrumentos económicos hasta el punto de *«obligar a los Estados miembros a que utilicen instrumentos económicos además de un enfoque voluntario»*, así como propone *«la plena aplicación del principio de «quien contamina paga» y observa que los Estados miembros que han logrado reducir el consumo de bolsas de plástico han introducido instrumentos económicos (impuestos/tasas)»*, aporta un catálogo de sugerencias para la efectividad de estos instrumentos económicos, e incluso destaca *«el potencial que los instrumentos económicos tienen para generar ingresos para los entes locales y regionales; estos podrían utilizarse para compensar los costes administrativos derivados de la aplicación y el cumplimiento, así como para garantizar fondos destinados a actividades de limpieza y proyectos medioambientales»*. En el caso del Documento de Trabajo de la Comisión Europea *«Impact Assessment for a Proposal for a Directive of the European Parliament and of the Council amending Directive 94/62/EC on packaging and packaging waste to reduce the consumption of lightweight plastic carrier bags»* (SWD/2013/0444 final), tras examinar los diferentes escenarios posibles, concluye que la mejor opción es combinar la alternativa de establecer instrumentos económicos y restricciones de mercado, propuesta que finalmente fructifica en el reformado art. 4.1 bis de la Directiva 94/62/CE .

La nueva regulación fija las bases que sustentan la estrategia frente al problema de las bolsas de plástico ligeras en el marco de la Unión Europea favoreciendo una aproximación entre los diferentes Estados miembros que, atendiendo a sus circunstancias específicas así como a las singularidades de los diferentes sistemas normativos nacionales, podrán articular las soluciones que entiendan idóneas dentro de las alternativas propuestas. No obstante, la preferencia por los instrumentos económicos antes apuntada resulta lógica habida cuenta que el objetivo declarado por la Directiva (UE) 2015/720 no es la eliminación plena, sino la imposición de pautas de comportamiento que eviten su dispersión ambiental: *«Las bolsas de plástico se utilizan con varios fines y su consumo va a mantenerse en el futuro. Para asegurar que las bolsas de plástico necesarias no vayan a parar al medio ambiente como basura, deben tomarse medidas adecuadas e informar a los consumidores sobre el correcto tratamiento de los residuos»*. En el caso de los impuestos extrafiscales, pueden operar sinérgicamente con otros mecanismos de intervención como las campañas de

---

64. «A vueltas con la creación de un gravamen medioambiental sobre el plástico: situación actual y perspectivas de futuro a nivel comunitario (y estatal)» BIB 2021/1184, **Revista Aranzadi Unión Europea** num.3/2021.

información al público y los programas de concienciación de consumidores también previstos por la Directiva, cuyo coste podría financiarse mediante la recaudación obtenida, viéndose además reforzada la finalidad predominantemente didáctica que debe orientar a estos gravámenes.

IV. LEY 7/2022, de 8 de abril, DE RESIDUOS Y SUELOS CONTAMINADOS

El marco descrito vino a propiciar la creación de impuestos nacionales tendentes tanto a la consecución de dicha meta ecológica, como a la recuperación del coste de sus contribuciones al presupuesto comunitario.

En palabras de RIBES RIBES[65] :»En el caso español, si bien es cierto que la conveniencia del nuevo impuesto fue avalada tanto por la Memoria del análisis de impacto normativo sobre el Anteproyecto de ley, como por el Informe de la Comisión de expertos para la reforma tributaria, resulta innegable que la introducción de esta figura impositiva se encuentra vinculada con la exigencia del recurso propio a nivel europeo, cuya aportación permitirá recuperar aunque sea parcialmente.

De este modo, mediante la Ley 7/2022, de 8 de abril, de residuos y suelos contaminados para una economía circular, se crearon dos nuevos impuestos ambientales de carácter indirecto: el Impuesto especial sobre los envases de plástico no reutilizables y el Impuesto sobre el depósito de residuos en vertederos, la incineración y coincineración de residuos, ambos con efectos desde el 1 de enero de 2023.

Esta ley se enmarca dentro de la denominada Estrategia Española de Economía Circular, España Circular 2030 (22) (EEEC), que a su vez se alinea con los planes de acción de la UE sobre esta materia y con la Agenda 2030 de la ONU para el desarrollo sostenible. No en vano, el establecimiento de estos impuestos va acompañado de la transposición a nuestro ordenamiento jurídico de las dos últimas Directivas comunitarias en este ámbito: la Directiva 2018/581 y la Directiva 2019/904 —ya mencionadas—.

A nivel interno, la Ley 7/2022 supuso la derogación de la Ley 22/2011, de 28 de julio, de residuos y suelos contaminados que, a su vez, había derogado la Ley 10/1998, de residuos. Cabe recordar, asimismo, que esta última coexistió con la Ley 11/1997 (23), de 24 de abril, de envases y residuos de envases -desarrollada por el Real Decreto 782/1998, de 30 de abril—, por la que se incorporó al sistema español la Directiva 94/62/CE, relativa a los envases y residuos de envases.

La relevancia del nuevo impuesto sobre el plástico es incuestionable en el bien entendido de que afectará a todo el sector productivo. De esta forma, al

---

65. «La economía circular del plástico: algunas reflexiones sobre el impuesto español», **Revista de Fiscalidad Internacional y Negocios Transnacionales**, Aranzadi Nº 24, Sección Estudios, Tercer cuatrimestre de 2023 BIB\2023\3140

margen de la motivación derivada de la recuperación —vía impuesto— de la aportación patria al recurso propio de la UE, se arbitra en el plano interno un importante desincentivo al uso de plásticos no reciclados, al tiempo que se hace recaer sobre los fabricantes, importadores y adquirentes de envases desechables su coste ambiental.»

«El primer objetivo de cualquier política en materia de residuos debe ser reducir al mínimo los efectos negativos de la generación y gestión de los residuos en la salud humana y el medio ambiente. Asimismo, y en consonancia con los principios que rigen la economía circular, dicha política debe tener también por objeto hacer un uso eficiente de los recursos, con una apuesta estratégica decidida del conjunto de las administraciones públicas, así como la implicación y compromiso del conjunto de los agentes económicos y sociales», así se establece en la Exposición de Motivos de la Ley 7/2022, de 8 de abril, de residuos y suelos contaminados. La ley de residuos y suelos contaminados tiene por objeto incorporar al ordenamiento jurídico español las modificaciones que fueron introducidas por la Directiva (UE) 2018/851, así como revisar la actual normativa de residuos y suelos contaminados aprobada en la Ley 22/2011, con el fin de cumplir con los nuevos objetivos establecidos en las nuevas directivas europeas de residuos que conforman el Paquete de Economía Circular, así como con los nuevos objetivos derivados de la directiva de plásticos de un solo uso que surgen de la «Estrategia Europea para el plástico en una economía circular»[66].

Entre los principales aspectos objeto de revisión en la Ley de residuos y suelos contaminados se encuentran:

— La responsabilidad ampliada del productor en coherencia con la normativa europea
— La revisión del régimen sancionador, incluyendo nuevas infracciones y actualizando sanciones.
— Nuevas definiciones y revisión del ámbito de aplicación.
— El impulso de la economía circular a través de la revisión de los procedimientos de subproducto y fin de condición de residuo, habilitando la posibilidad de desarrollo a nivel autonómico.
— Reforzamiento de la jerarquía de residuos mediante la inclusión de la obligación por parte de las administraciones de adoptar instrumentos económicos.

Los objetivos que persigue la nueva ley de residuos y suelos contaminados son:

— Establecer medidas destinadas a proteger el medio ambiente y la salud humana, mediante la prevención y reducción de la generación de residuos y de sus impactos adversos en el medio ambiente, y mediante la

---

66. Preámbulo Ley 7/2022, de 8 de abril, de residuos y suelos contaminados para una economía circular.

reducción del impacto global del uso de los recursos y la mejora de su eficiencia, avanzando así hacia una economía circular
— Prevenir y reducir el impacto de determinados productos de plástico en el medio ambiente, en particular el medio acuático y en la salud humana.

Requisitos de prevención de residuos en la nueva ley de residuos

La ley de residuos y suelos contaminados establece objetivos y medidas específicas para limitar los impactos derivados de la generación de residuos.

Los objetivos se recogen en el título II del futuro texto legal y pretenden dar continuidad a los establecidos en la Ley 22/2011:

— se deberá reducir el peso de los residuos producidos en un 13 % para 2025 respecto al 2010
— en un 15 % para 2030, respecto a los generados en 2010.

Con el fin de lograr estos objetivos la **ley de residuos y suelos contaminados** recoge la adopción de medidas encaminadas a la prevención en la generación de residuos. Entre otras, las siguientes:

— Fomento de productos que sean eficientes, duraderos y reparables
— Fomento de la reutilización de los productos y componentes de producto;
— Reducción de la generación de residuos en la producción industrial, extracción de minerales y en la construcción
— Reducción de la generación de los residuos alimentarios, estableciendo algunas medidas específicas dirigidas a las industrias alimentarias, las empresas de distribución y de restauración colectiva.
— Reducción del contenido de sustancias peligrosas
— Freno a la generación de basura dispersa en el medio marino
— Apoyo campañas informativas de sensibilización sobre la prevención de residuos
— Se hace un especial hincapié en la reducción de envases, fomentando el uso de fuentes de agua potable y de envases reutilizables, especialmente en el sector de la hostelería y restauración.
— Promoción de modelos de producción y consumo sostenibles y circulares

La Producción, posesión y gestión de los residuos en la nueva ley de residuos y suelos contaminados

La ley de residuos y suelos contaminados contempla y desarrolla las obligaciones tanto de los productores como de los gestores de residuos, manteniendo la estructura y la línea jurídica de la normativa anterior, pero sistematizando y aclarado algunas cuestiones fundamentales.

El nuevo texto legislativo recoge las obligaciones de los productores y otros poseedores de residuos, tanto en lo referente a la gestión de sus residuos, como al almacenamiento, mezcla, envasado y etiquetado de los mismos.

También se regulan en la ley de residuos y suelos contaminados, las obligaciones que deben cumplir los gestores, en materia de:

— Obligaciones generales de los gestores en materia de almacenamiento, y suscripción de fianzas, seguros o garantías financieras
— Objetivos y medidas en la gestión de residuos, en especial destinados a fomentar la preparación para la reutilización y el reciclado de los residuos
— El traslado de residuos

Asimismo, recoge y regula las comunicaciones y autorizaciones de las actividades de producción y gestión de residuos, dando continuidad al régimen anterior aprobado por la Ley 22/2011

Responsabilidad ampliada del productor

Según la norma los productores de productos, con objeto de promover la prevención y mejora de la reutilización, el reciclado y la valoración de residuos y avanzar así hacia una economía circular, podrán ser obligados a una serie de medidas, entre ellas:

— Obligaciones de diseño de los productos de manera que se reduzca su impacto ambiental
— El establecimiento de sistemas de depósito para garantizar la devolución de las cantidades depositadas y el retorno del producto para su reutilización o del residuo para tratamiento
— Utilizar materiales procedentes de residuos en la fabricación de productos
— Proporcionar información sobre la introducción en el mercado de productos que con el uso se convierten en residuos y sobre la gestión de estos

Asimismo, establece las disposiciones comunes sobre el funcionamiento de los sistemas de responsabilidad ampliada, regulando las obligaciones relativas a la organización y financiación de la gestión de residuos, los mecanismos de autocontrol de los sistemas de responsabilidad ampliadas, entre otras

Plásticos de un solo uso

La ley establece importantes limitaciones para la reducción del consumo de plásticos de un solo uso, una novedad relevante respecto al marco legal actual.

Define un calendario de objetivos de reducción de la comercialización de estos productos, que ya se ha cumplido:

— Para 2026 reducción del 50 % en peso, con respecto a 2022;
— y en 2030, del 70 % en peso, con respecto a 2022.

Para dar cumplimiento a estos objetivos, la ley de residuos y suelos contaminados, contempla que todos los agentes implicados en la comercialización deberán fomentar el uso de alternativas reutilizables o de otro material no plástico. Además, como novedad importante a partir del 1 de enero de 2023, se deberá cobrar un precio por cada uno de los productos de plástico incluidos en la parta A del anexo IV que sean entregados a consumidor final

Asimismo, la norma recoge requisitos de diseño de recipientes de plásticos para bebidas, mediante un calendario de medidas que contempla, entre otras, prohibiciones para la introducción en el mercado de determinados productos, así como requisitos de marcado para los productos plástico de un solo uso.

Para ciertos productos de plástico de un solo uso como los vasos o recipientes alimentarios, se establecen objetivos cuantitativos de reducción, mientras que para otros como cubiertos, platos, vasos y productos de plástico oxodegradable, así como las microesferas de plástico de menos de 5 mm, queda prohibida su introducción en el mercado.

Se contemplan también medidas relativas a la concienciación a los consumidores con objeto de reducir el abandono de este tipo de residuos, así como se regulan los regímenes de responsabilidad ampliada de ciertos productos de plástico y los costes que deberán ser sufragados.

Información de residuos

La futura **ley de residuos y suelos contaminados** dedica un título a la información sobre residuos. En dicho título se regula entre otros puntos, el Registro de producción y gestión de residuos; las memorias anuales que deberán contemplar el contenido del archivo cronológico.

Como novedad, dicho archivo cronológico será también obligatorio para las entidades o empresas que generen subproductos y a las que los utilicen.

Medidas fiscales de la nueva ley de residuos y suelos contaminados

Para incentivar la economía circular, se desarrollan dos instrumentos económicos en materia de residuos:

— Por una parte, se introduce un nuevo impuesto sobre los envases de plástico no reutilizables. La base imponible de impuesto estará constituida por la cantidad de plástico no reciclado, en kg, contenida en los objetos objeto de la tasa. El tipo impositivo será de 0,45 euros por kilogramo de envase. Se tratará de una tasa indirecta y recaerá sobre la

fabricación, importación o adquisición intracomunitaria de los envases que, conteniendo plástico, son no reutilizables
— Por otro lado, se regula el impuesto sobre depósito de residuos en vertederos, la incineración y la coincineración de residuos. El hecho imponible de este impuesto recae sobre la entrega de residuos para eliminación en vertedero, para su eliminación o valorización energética en instalaciones de incineración o coincineración, con algunas excepciones. La base imponible se establecerá por el peso de los residuos depositados en vertedero, incinerados o coincinerados. Este impuesto ya estaba vigente en varias comunidades autónomas, pero con esta norma se pretende armonizar

Suelos contaminados

En relación a la regulación de suelos contaminados en la ley de residuos se mantiene el actual régimen jurídico sobre las disposiciones de las actividades potencialmente contaminantes, el procedimiento de declaración de suelos contaminados, la descontaminación y recuperación de suelos contaminados.

Como novedad se añade el inventario estatal de descontaminaciones voluntarias de suelos contaminados.

V. EL IMPUESTO ESPECIAL SOBRE ENVASES DE PLÁSTICO NO REUTILIZABLES

La Ley 7/2022, de 8 de abril, de residuos y suelos contaminados para una economía circular, introduce, en su Título VII, bajo el título «Medidas fiscales para incentivar la economía circular», dos nuevas figuras impositivas con las que la Hacienda estatal da un importante paso adelante en la fiscalidad que afecta a la biodiversidad y al medioambiente: el impuesto especial sobre los envases de plástico no reutilizables y el impuesto sobre el depósito de residuos en vertederos, la incineración y la coincineración de residuos.

EL IEPNR se ha configurado de manera muy amplia, al gravar a los fabricantes y a todos aquellos que efectúen adquisiciones intracomunitarias e importaciones de los productos gravados, siendo sy hecho imponible, establecido en el artículo 68

> «1. Están sujetas al impuesto la fabricación, la importación o la adquisición intracomunitaria de los productos que forman parte del ámbito objetivo del impuesto.
> 2. También está sujeta al impuesto la introducción irregular en el territorio de aplicación del impuesto de los productos que forman parte del ámbito objetivo del impuesto. Se entenderá que se ha producido una introducción irregular de dichos productos en el territorio de aplicación del impuesto en el supuesto de que quien los posea, comercialice, transporte o utilice, no acredite haber realizado su fabricación, importación o adquisición intracomunitaria,

o cuando no justifique que los productos han sido objeto de adquisición en el territorio español».

Debemos comenzar nuestro análisis por el examen del elemento objetivo del hecho imponible. Respecto de la fabricación, el artículo 71.1.b) entiende por la misma «la elaboración de productos objeto de este Impuesto». Con el propósito de evitar un inicuo doble gravamen este mismo precepto dispone que no tendrá la consideración de fabricación la elaboración de envases a partir, exclusivamente, de productos ya sujetos al impuesto como son los plásticos semielaborados destinados a la obtención de envases no reutilizables que contengan plástico, así como los productos de plástico destinados a permitir el cierre, la comercialización o la presentación de ese mismo tipo de envases. Y, en sentido contrario, para evitar que determinados productos escapen al gravamen, se califica como fabricación la incorporación a los envases de otros elementos de plástico que individualmente no constituyen por sí mismos parte del ámbito objetivo del impuesto, pero que después de dicha incorporación, formen parte del mismo. En el hecho imponible «fabricación» el legislador asocia la posición del contribuyente con la empresa del sector del envase plástico, en lugar de hacerlo con su proveedor de materias primas o con su cliente. En este sentido, es clave la inclusión en el ámbito objetivo de los productos semielaborados, ya que muestra la preferencia de la norma por evitar que se considere fabricante al cliente que, por poner un ejemplo, finaliza el envase mediante el «soplado» de la preforma.

Las modalidades de hecho imponible «adquisición intracomunitaria» e «importación» pretenden asegurar que se someten al impuesto productos de plástico fabricados en otros Estados, pero utilizados, es decir, consumidos en España.

Por lo que respecta al hecho imponible importación, el legislador toma el concepto del Reglamento (UE) núm. 952/2013 del Parlamento Europeo y del Consejo, de 9 de octubre de 2013, por el que se establece el Código Aduanero de la Unión. A la vista de los dispuesto en el artículo 71.1.c) de la LRSC, teniendo en cuenta que Ceuta y Melilla no integran el territorio aduanero de la Unión Europea, a los efectos del IEPNR, se grava como importación la entrada de los productos gravados en el territorio de aplicación del Impuesto distinto de Ceuta y Melilla. Si se calificará como «importación» cualquier entrada que se produzca en Ceuta y Melilla procedente de territorios que no formen parte del territorio de aplicación del Impuesto, ya pertenezca a la Unión Europea o no. Respecto de la entrada de los productos gravados en las Islas Canarias, se gravará como importación cuando procedan de territorios comprendidos en el territorio aduanero de la Unión que no formen parte del territorio de aplicación del impuesto.

Y en cuanto al concepto «adquisición intracomunitaria», que es una noción originaria del IVA comunitario y no varía a efectos del Impuesto, hay que estar a lo dispuesto en el artículo 71.1.a):

> «La obtención del poder de disposición sobre los productos objeto del impuesto expedidos o transportados al territorio de aplicación del impuesto, excepto Canarias, Ceuta y Melilla, con destino al adquirente, desde otro Estado miembro de la Unión Europea, por el transmitente, el propio adquirente o un tercero en nombre y por cuenta de cualquiera de los anteriores».

Al igual que en el IVA, se asimila a la adquisición intracomunitaria de bienes el envío por un operador de bienes propios desde otro Estado miembro.

Como hemos visto, el Impuesto sobre envases de plásticos también somete a imposición la introducción irregular en el territorio de aplicación del impuesto de los productos gravados, lo que sucede en todos los Impuestos Especiales. En efecto, el artículo 6.1.b) de la Directiva (UE) 2020/262 del Consejo, de 19 de diciembre de 2019, por la que se establece el régimen general de los impuestos especiales grava junto con la fabricación e importación la «entrada irregular en el territorio de la Unión». Habrá entrada irregular cuando quien posea, comercialice, transporte o utilice los productos gravados, no pueda aportar pruebas de su fabricación, importación o adquisición intracomunitaria, o cuando no justifique que los productos han sido objeto de adquisición en el territorio español.

Es preciso concretar el elemento espacial del hecho imponible, pues este presenta lógicamente una dimensión espacial, es decir, una relación con el ordenamiento establecido con criterios territoriales. En el caso del Impuesto especial sobre envases de plástico el punto de conexión se determina por la conjunción de los artículos 67 y 69 de la Ley de Residuos y Suelos Contaminados; ya que el primero de estos preceptos, al señalar la naturaleza del impuesto, dispone que recae sobre la utilización, «en el territorio de aplicación del impuesto», de envases no reutilizables que contengan plástico y el segundo de ellos prescribe en sus apartados 1 y 2 —bajo el epígrafe «Ámbito de aplicación»— que «El Impuesto se aplicará en todo el territorio español, sin perjuicio de los regímenes tributarios forales de concierto y convenio económico en vigor, respectivamente, en los Territorios Históricos del País Vasco y en la Comunidad Foral de Navarra».

Respecto del elemento temporal del hecho imponible o devengo, el artículo 74.1 establece:

> «En los supuestos de fabricación, el devengo del impuesto se producirá en el momento en que se realice la primera entrega o puesta a disposición a favor del adquirente, en el territorio de aplicación del impuesto, de los productos que forman parte del ámbito objetivo del impuesto por el fabricante. Se presumirá, salvo prueba en contrario, que la diferencia en menos de existencias de productos fabricados se debe a que los mismos han sido objeto de entrega o puesta a disposición por parte del fabricante. No obstante, lo dispuesto en el párrafo anterior, si se realizan pagos anticipados anteriores a la realización del hecho imponible, el impuesto se devengará en el momento del cobro total o parcial del precio por los importes efectivamente percibidos».

El devengo en el caso de la importación se produce con la admisión de la declaración aduanera de importación. Así, el Impuesto Especial sobre plásticos no reutilizables toma la misma regla prevista para el IVA (artículo 77 de la LIVA) que, a su vez, coincide con el momento del devengo de los derechos de importación de acuerdo con la legislación aduanera; pues el artículo 77.2 del Código Aduanero de la Unión, aprobado por el Reglamento (UE) núm. 952/2013, establece que la deuda aduanera se originará en el momento de la admisión de la declaración en aduana, es decir, cuando se admita a despacho la declaración aduanera por parte de la Administración tributaria (el llamado DUA o documento único administrativo).

En cuanto al hecho imponible adquisición intracomunitaria, el devengo tiene lugar transcurridos quince días del mes siguiente a aquel en que se inicie la expedición o transporte de los productos gravados con destino al adquirente, salvo que con anterioridad a dicha fecha se expida factura por tales operaciones, en cuyo caso la fecha del devengo será la de expedición de la factura (artículo 74.3).

En los supuestos de entrada irregular de los productos gravados en el territorio de aplicación del impuesto, el artículo 74.4 de la LRSC dispone que el devengo se producirá en el momento de dicha introducción. Si no se conociera dicho momento, «se considerará que la introducción irregular se ha realizado en el período de liquidación más antiguo de entre los no prescritos, excepto que el contribuyente pruebe que corresponde a otro». En el Anteproyecto se establecía una presunción, que también admitía prueba en contrario aportada por el contribuyente, en el sentido de que la introducción irregular se había realizado en el trimestre natural anterior al del descubrimiento de la misma. Esta última previsión se asemejaba a la contenida en el artículo 39 de la Ley 35/2006, de 28 de noviembre, del Impuesto sobre la Renta de las Personas Físicas para las ganancias patrimoniales no justificadas. En cualquier caso, la redacción del artículo 74.4 no excluye, en mi opinión, la posibilidad de que el contribuyente demuestre mediante la aportación de las pruebas oportunas que la introducción irregular de los productos gravados se produjo en un período impositivo prescrito que le exoneraría de gravamen.

En cuanto a los contribuyentes y obligación de repercusión, de acuerdo con el artículo 76 de la Ley de Residuos y Suelos Contaminados, son contribuyentes las personas físicas o jurídicas y las entidades del artículo 35.4 de la LGT que realicen la fabricación, importación o adquisición intracomunitaria de los productos que forman parte del ámbito objetivo del impuesto.

En los supuestos de introducción irregular de los productos gravados en el territorio de aplicación del impuesto, es contribuyente quien los posea, comercialice, transporte o utilice.

Por su parte, el artículo 82.9 de la Ley, dentro de las normas de generales de gestión, establece una obligación de repercusión de la cuota en los términos que enseguida veremos. En el anteproyecto no se establecía esta obligación, a pesar de la caracterización del tributo como indirecto en el artículo 67. Que no se previera la repercusión jurídica desde luego no iba a impedir que se produjera una repercusión económica a través del incremento del precio, lo que podría provocar una detracción de la demanda de los envases de plástico y, con ello, favorecer el cumplimiento de la finalidad ambiental del Impuesto. En cualquier caso, para que se produzca el efecto incentivador, ha de existir un producto sustitutivo no sujeto al tributo cuyo impacto ambiental sea lógicamente menor (por ejemplo, envases de vidrio o de cartón). Si no se contara con ese producto sustitutivo, el impuesto no producirá efecto alguno sobre la demanda de los envases de plástico. El consumidor último del productor podría percibir, si acaso, un incremento de precio del producto; pero también es posible que esto no sucediera en el caso de que el contribuyente (fabricante, adquirente intracomunitario o importador) decidiera asumir la carga del impuesto disminuyendo su beneficio. También en estos casos se produciría la internalización de los daños ambientales de acuerdo con el principio «quien contamina paga» y, de este modo, se podría contribuir a la realización de inversiones innovadoras dirigidas a la producción de envases menos perjudiciales para el medio ambiente o con mayor plástico reciclado. No obstante, si no se hubiera previsto la repercusión jurídica de la cuota, la función de concienciación social del Impuesto se vería disminuida y sus ventajas medioambientales seguramente comprometidas.

En cuanto a las modalidades de hecho imponible «adquisición intracomunitaria» e «importación», únicamente previa solicitud del adquirente, quienes realicen las ventas o entregas de los productos gravados deben consignar en un certificado o en la factura expedida al tiempo de la venta o entrega una serie de datos, en concreto: en primer lugar, el importe del impuesto satisfecho o, si se beneficiaron de alguna exención, el artículo de la Ley sobre Residuos en el que se contiene; en segundo lugar, la cantidad de plástico no reciclado contenido en los productos gravados, expresada en kilogramos.

En las tres modalidades citadas de hecho imponible que contempla el Impuesto esta obligación decae cuando se expidan facturas simplificadas con el contenido a que se refiere el artículo 7.1 del Reglamento por el que se regulan las obligaciones de facturación, aprobado por Real Decreto 1619/2012, de 30 de noviembre.

Hay que anotar que en la redacción original del Proyecto de Ley las obligaciones de facturación eran mucho más rigurosas, ya que todas las facturas —con excepción de las simplificadas— expedidas en relación con los productos gravados debían consignar los kilogramos de plástico no reciclado, la cuota y, en su caso, si había resultado aplicable alguna exención. Esta obligación se reduce, como acabamos de ver, a la primera venta tras la fabricación, pues en cualquier otro tipo de venta el suministro de esa información solo tendrá lugar si el cliente lo solicita y, además, tal información no debe constar necesariamente en la factura al poderse contener en el aludido certificado. Esta modificación reducirá notablemente los supuestos en que las empresas tendrán que alterar su procedimiento habitual de facturación .

Los supuestos de exención, no sujeción, devolución y deducción previstos en la Ley, constituyen en muchas ocasiones mecanismos técnicos que garantizan que el impuesto no se paga (no sujeción o exención) o es resarcido (deducción y devolución) respecto de productos que sean expedidos fuera de España. La solución técnica en cada caso aplicable dependerá del origen nacional, comunitario o extracomunitario del producto, así como de si el impuesto se ha pagado ya o no en el momento de su expedición. Aunque el sistema es técnicamente correcto, con razón se ha apuntado que seguramente complicará la gestión.

Se declaran exentas por el artículo 75 a) y b) de la Ley sobre Residuos, la fabricación, importación o adquisición intracomunitaria, entre otros supuestos, de los envases para medicamentos, productos sanitarios, alimentos para usos médicos especiales, preparados para lactantes de uso hospitalario o residuos peligrosos de origen sanitario. La exención se extiende a los productos plásticos semielaborados tales como preformas o láminas de termoplástico utilizados para la producción de envases que se destinen a esos mismos fines sanitarios. Y, lógicamente, la exención se aplica a los productos que contengan plástico destinados a permitir el cierre, la comercialización o presentación de envases no reutilizables si concurre el mismo fin sanitario. Para garantizar la efectividad de esta exención el precepto citado exige que los adquirentes de los productos declaren a los que realicen la primera entrega o puesta a disposición el destino de los mismos a tales fines; declaración que habrá de conservarse durante el plazo de cuatro años de prescripción tributaria.

La naturaleza indirecta del gravamen, que recae sobre la utilización en el territorio de aplicación del impuesto de envases no reutilizables que contengan plástico, justifica la exención, prevista en el artículo 75 d), de la adquisición intracomunitaria de los productos gravados que vayan a ser enviados directamente por el adquirente intracomunitario o por un tercero, en su nombre o por su cuenta, a un territorio distinto al de aplicación del impuesto con anterioridad a la finalización del plazo para la presentación de la autoliquidación. La aplicación de la exención se condiciona a demostrar la realidad de la salida de los productos gravados. A primera vista no parece razonable no extender la exención a los fabricantes e importadores que envíen los productos fuera del territorio de aplicación del impuesto. No obstante, lo que sucede es que este supuesto se contempla como de no sujeción en el artículo 73 b) y de devolución del importe del impuesto en el artículo 81.1. a), respectivamente.

Otra exención se refiere a la adquisición intracomunitaria de los productos gravados y que, con anterioridad a la finalización del plazo de presentación de la autoliquidación, dejen de ser aptos para su utilización o hayan sido destruidos, siempre que ello pueda quedar demostrado mediante cualquier prueba admisible en derecho [artículo 75 e)]. El supuesto más habitual sería el de la destrucción los envases por defectuosos. De entrada, no se entiende la razón por la que el legislador ha impedido que también se beneficien de esta exención, muy razonable (19), los fabricantes e importadores que en el referido plazo exporten los productos de plástico. La razón de ello es que la fabricación de estos productos que hayan dejado de ser adecuados para su utilización o hayan sido destruidos, con anterioridad al devengo del impuesto, se declara no sujeta en el artículo 73 a) y, en el caso de los importadores, se genera a favor de los mismos un derecho de devolución del importe del impuesto [artículo 81.1.b)].

También se declaran exentas por el artículo 75 f) la importación o adquisición intracomunitaria de envases siempre que el peso total del plástico no reciclado no exceda de 5 kilogramos en un mes. Sin duda nos encontramos ante una norma cuyo fundamento es agilizar la gestión tributaria en supuestos cuyo impacto ambiental es muy bajo y que puede tener aplicación en las ventas a distancia. En el Anteproyecto de LRSC se calificaba este supuesto como de no sujeción y se condicionaba a que la operación se realizara con fines particulares. Técnicamente nos parece más correcto el tratamiento como exención ya que el hecho imponible en verdad se ha realizado.

Finalmente, se contempla una exención, que podría calificarse tambien dentro de un supuesto de no sujeción, para la fabricación, adquisición intracomunitaria e importación de productos plásticos semielaborados o que contengan plástico destinados a permitir el cierre, la comercialización o la presentación de envases no reutilizables, cuando tanto en uno como en otro caso tales productos no se vayan a destinar o a utilizar como envases. Una vez más, esta circunstancia ha de quedar acreditada mediante una declaración de los adquirentes de estos productos que habrán recabado los contribuyentes que realicen la primera entrega o puesta a disposición [artículo 68 g)].

El artículo 73 de la Ley sobre Residuos contempla cuatro supuestos de no sujeción que guardan un evidente paralelismo con las exenciones más arriba analizadas.

La fabricación de estos productos objeto del impuesto que, con anterioridad al devengo del impuesto, hayan dejado de ser adecuados para su utilización o hayan sido destruidos [artículo 73 a)]. Igualmente la no sujeción de productos que vayan a ser enviados directamente fuera del territorio de aplicación del impuesto [artículo 73 b)]. Tanto en el supuesto de la letra a) como en el de la letra b) habrán de acreditarse las circunstancias que justifican la ausencia de gravamen (no aptitud, destrucción o salida efectiva de los productos gravados). Un supuesto de no sujeción de carácter técnico, que intenta evitar un doble gravamen, es el previsto en el artículo 73 c) que alude a la fabricación, importación o adquisición intracomunitaria de las pinturas, las tintas, las lacas y los adhesivos concebidos para ser incorporados a los productos que forman parte del ámbito objetivo del impuesto. Igualmente, tiene carácter técnico el supuesto de no sujeción previsto en el artículo 73 d) para los productos que, pudiendo desempeñar las funciones propias de envase, no están diseñados para ser entregados conjuntamente con las mercancías.

En cuanto a las devoluciones, el artículo 81 de la Ley sobre Residuos ha previsto siete circunstancias que darán lugar a que los contribuyentes tengan derecho a solicitar la devolución del importe del impuesto.

El primer supuesto se refiere a los importadores que envíen los productos fuera del territorio de aplicación del impuesto [artículo 81.1.a)]. Ya hemos visto que para el caso de los fabricantes esta misma circunstancia se trata como supuesto de no sujeción y para los adquirentes intracomunitarios se califica de exención. Exactamente lo mismo hemos de decir respecto de los importadores de los productos que, con anterioridad a la primera entrega o puesta a disposición del adquirente en el territorio de aplicación del impuesto, dejen de ser adecuados para su utilización o hayan sido destruidos [artículo 81.1.b)]. A la misma lógica responde el derecho a la devolución que se genera a favor de los importadores a los que se devuelven los productos gravados para su destrucción o reincorporación al proceso de fabricación, previo reintegro del importe de los mismos al adquirente [artículo 81.1.c)]. Por otra parte, la modificación de la naturaleza de los productos adquiridos tendrá como efecto, en un determinado caso, el derecho a la devolución: este es el caso previsto en el artículo 81.1.e) en el que los adquirentes de los productos gravados, tras realizar alguna modificación en los mismos, puedan ser reutilizados. La última circunstancia que da lugar a obtener el derecho a la devolución, contenida en el artículo 81.1.g), coincide con la contemplada en el ya comentado artículo 68 g) que prevé una exención, según hemos visto, para la fabricación, adquisición intracomunitaria e importación de productos plásticos semielaborados o que contengan plástico destinados a permitir el cierre, la comercialización o la presentación de envases no reutilizables, cuando tanto en uno como en otro caso tales productos no se vayan a destinar o a utilizar como envases. Lógicamente, la devolución presupone que se ha ingresado la cuota correspondiente cuando no era procedente habida cuenta el destino o la utilización final que se ha dado a los productos.

En todos los supuestos que hemos visto la devolución se condiciona a la acreditación ante la Agencia Tributaria, mediante la aportación de las pruebas admisibles en derecho, de los hechos correspondientes, así como del pago del impuesto (artículo 81.2).

Las deducciones —reguladas en el artículo 80— son también de naturaleza técnica. De esta manera, el contribuyente que realice adquisiciones intracomunitarias puede minorar de las cuotas devengadas el importe del impuesto pagado por los productos que ese mismo contribuyente haya enviado fuera del territorio de aplicación del impuesto; lo mismo sucede con los productos que, antes de su primera entrega en dicho territorio, hayan dejado de ser adecuados para su utilización o hayan sido destruidos o bien que, tras su entrega, hayan sido devueltos para su destrucción o reincorporación al proceso de fabricación, previo reintegro del importe de los mismos al adquirente. Todos estos hechos, así como el pago del impuesto, deberán quedar acreditados ante la Agencia Tributaria (artículo 80.1).

Asimismo, el contribuyente que realice la fabricación y que sea objeto de la devolución de los productos gravados para su destrucción o reincorporación al proceso de fabricación puede minorar de las cuotas devengadas el importe de los impuestos pagados respecto de dichos productos, previo reintegro del importe de los mismos al adquirente. Asimismo, se deberá probar ante la Administración tributaria la concurrencia de estos hechos y el pago del impuesto (artículo 80.2).

Si la cuantía de las anteriores deducciones supera el importe de las cuotas devengadas en el último período de liquidación del año natural, el exceso podrá ser compensado en las autoliquidaciones posteriores dentro del plazo de prescripción, si bien opcionalmente se puede ejercitar el derecho de devolución (artículo 80.3 y 4); previsión claramente inspirada en la normativa del IVA.

Los elementos de cuantificación: base imponible, tipo de gravamen y cuota. En un tributo ecológico la base imponible ha de ser la medida del daño ambiental que se pretende paliar. Desde el punto de vista de la protección del medio ambiente no tiene ningún sentido el establecimiento de bases monetarias como las contempladas por el Impuesto sobre la Electricidad. Con otras palabras, por las circunstancias especiales que concurren en los gravámenes ambientales, las exacciones deben incorporar un incentivo a reducir el daño ambiental. Si los elementos de cuantificación del tributo se basan en elementos indiciarios o aproximativos, la potencialidad incentivadora se diluye e incluso puede desaparecer; ya que los esfuerzos que realicen los agentes contaminantes para reducir las emisiones —los residuos en el caso del Impuesto especial sobre envases de plástico no reutilizables, aun admitiendo unas emisiones difusas— no tendrán su reflejo en la base ni en la cuota.

Según lo dispuesto en el artículo 77.1 de la Ley: «La base imponible estará constituida por la cantidad de plástico no reciclado, expresada en kilogramos, contenida en los productos que forman parte del ámbito objetivo del impuesto. En el supuesto de que a los productos que forman parte del ámbito objetivo del impuesto, por los que previamente se hubiera devengado el impuesto, se incorporen otros elementos de plástico, de forma tal que tras su incorporación formen parte del producto al que van incorporados, la base imponible estará constituida exclusivamente por la cantidad de plástico no reciclado, expresada en kilogramos, incorporada a dichos productos».

Por otra parte, para determinar lo que ha de entenderse por plástico reciclado, material obtenido a partir de operaciones de valorización, el artículo 77.2 se remite a la definición contenida en el artículo 2.u) de la misma Ley.

En la práctica los contribuyentes no integrarán dentro de la base imponible del impuesto la cantidad de plástico incorporado al proceso de fabricación, expresada en kilogramos, proveniente de plástico reciclado. Esta medida es similar a la prevista en el Impuesto italiano, que dispone directamente que el impuesto no se exigirá sobre el material plástico que proviene de procesos de reciclaje.

Para la determinación de la base imponible, en el caso de presencia de plástico reciclado, será necesaria la correspondiente certificación del gestor de residuos proveedor del plástico incorporado al proceso de fabricación, el cual deberá acreditar la cantidad de plástico, expresada en kilogramos, proveniente de plástico reciclado que se entregue a los fabricantes de envases comprendidos en el ámbito objetivo del impuesto (artículo 77.3 de la Ley).

La importancia de esta certificación encuentra su reflejo en el régimen sancionador, ya que, según dispone el artículo 83, la falsa o incorrecta certificación por la entidad debidamente acreditada de la cantidad de plástico reciclado constituye una infracción tributaria grave, cuya sanción consistirá en una multa pecuniaria proporcional del 50% del importe de las cuotas del impuesto que se hubiesen podido dejar de ingresar, con un importe mínimo de 1.000 euros. Esta sanción se incrementará en el 25% cuando se produzca la comisión repetida de infracciones tributarias. Esta circunstancia se apreciará cuando el infractor, dentro de los dos años anteriores a la comisión de la nueva infracción, hubiese sido sancionado por resolución firme en vía administrativa por la misma conducta [artículo 83.2.c) y artículo 83.3.b)].

La exclusión de la base imponible del plástico reciclado acentúa el carácter medioambiental del tributo, al fomentar el reciclado del plástico y, en consecuencia, disminuir la puesta en circulación de este material en el territorio de aplicación del impuesto. En este mismo sentido se manifiesta la Exposición de Motivos de la LRSC. La reducción no tiene además límite alguno, por lo que aquellos envases cuyo plástico tuviera origen reciclado en su totalidad no quedarían sometidos a tributación de forma efectiva, al ser nula su base imponible.

De conformidad con lo dispuesto en el artículo 78 de la Ley, el tipo impositivo será de 0,45 euros por kilogramo. El artículo 79, lógicamente, dispone que la cuota íntegra es la cantidad resultante de aplicar el tipo impositivo establecido en el artículo anterior. Es el mismo tipo de gravamen que se ha previsto para el Impuesto italiano que también entrará en vigor en 2023 y un poco más elevado de 0,2 libras esterlinas por kilogramo que ha fijado el impuesto británico.

En cuanto a la Gestión del Impuesto, el artículo 82 de la Ley contiene las «Normas generales de gestión». Por lo que hace a las obligaciones de repercusión y facturación me remito a lo ya dicho en el epígrafe 2.3 de este trabajo.

Para las modalidades de hecho imponible «fabricación» y «adquisición intracomunitaria» el Impuesto se gestiona mediante el sistema de autoliquidación (artículo 82.1), que es el habitual en la inmensa mayoría de los tributos españoles.

Al objeto de acompasar las obligaciones tributarias formales del Impuesto especial sobre plásticos no reutilizables con las del IVA el período de liquidación coincide con el trimestre natural, salvo que se trate de contribuyentes cuyo período de liquidación en el ámbito del IVA fuera mensual, por razón de su volumen de operaciones u otras circunstancias previstas en la normativa de este último impuesto. Recordemos que el período de liquidación mensual en el IVA se reserva, en primer lugar, a las «Grandes empresas», constituidas básicamente por aquellos sujetos pasivos cuyo volumen de operaciones exceda de 6.010.121,04 euros durante todo el año natural; y, en segundo lugar, también han de presentar autoliquidaciones mensuales aquellos sujetos pasivos inscritos en el «Registro de Devolución Mensual» con el objeto de poder solicitar la devolución del IVA sin tener que esperar a la última autoliquidación del año; en tercer lugar, igualmente las empresas a las que se aplica el «régimen especial del grupo de entidades» autoliquidan con periodicidad mensual; en cuarto y último lugar, se encuentran los sujetos pasivos a los que se aplica obligatoriamente el «Sistema de Suministro Inmediato de Información», consistente en que las empresas llevan directamente sus libros registro en la Sede Electrónica de la Agencia Tributaria.

El Ministerio de Hacienda establecerá los modelos, plazos y condiciones para la presentación de las autoliquidaciones previstas para los hechos imponibles «fabricación» y «adquisición intracomunitaria» (artículo 82.2).

En la modalidad de hecho imponible «importación», sin embargo, el impuesto se liquidará en la forma prevista para la deuda aduanera según lo dispuesto en la normativa aduanera. De acuerdo con esta normativa, como es sabido, las mercancías se presentan en la aduna y se realiza una declaración sobre las mismas con la finalidad de que las autoridades aduaneras estén en condiciones de practicar la oportuna liquidación de los derechos de aduana. Habrá que estar, en consecuencia, a lo previsto en el artículo 166 del Reglamento (UE) núm. 952/2013, de 9 de octubre, del Parlamento Europeo y el Consejo por el que se establece un Código Aduanero para la Unión (CAU).

Dentro de las normas de gestión, debemos referirnos al establecimiento de una obligación censal en el artículo 82.3. Pues todos los contribuyentes que realicen el hecho imponible del Impuesto en cualquiera de sus modalidades (fabricación, adquisición intracomunitaria e importación) «estarán obligados a inscribirse con anterioridad al inicio de su actividad, en el Registro territorial del Impuesto especial sobre los envases de plástico no reutilizables». Por Orden del Ministerio de Hacienda se regulará el censo de obligados tributarios sometidos al Impuesto y el procedimiento de inscripción en el citado Registro. Con infracción seguramente del principio de reserva de ley, el artículo 82.3 dispone que mediante Orden ministerial puede acordarse que determinados sujetos pasivos queden exonerados de la inscripción en el Registro, sin establecer criterio alguno —como podría ser el volumen de plástico fabricado, adquirido o importado— sobre el que deba hacerse la citada selección. Por lo demás, la falta de inscripción en el Registro constituye una infracción tributaria grave que se sanciona con una multa pecuniaria fija de 1.000 euros [artículo 83.2.a) y 3.a)].

Hay que dejar constancia, dentro de las normas de gestión, de las obligaciones contables específicas para los contribuyentes del IEPNR que se suman a las que con carácter general están sujetos los empresarios de acuerdo con la normativa mercantil y tributaria. Estas obligaciones se encaminan a facilitar un control físico más efectivo por parte de la Administración tributaria y sin duda incrementará los costes de cumplimiento de las empresas.

En particular, los fabricantes que determine mediante Orden el Ministerio de Hacienda habrán de llevar una contabilidad de los productos que forman parte del ámbito objetivo del impuesto y, en su caso, de las materias primas necesarias para su obtención. Las anotaciones contables se realizarán directamente en la sede electrónica de la Agencia Tributaria, mediante un sistema paralelo al de Suministro Inmediato de Información que está vigente en el IVA para las grandes empresas (artículo 82.4 de la Ley). Se pretende con esta norma, obviamente, que los datos estén a disposición de la Administración con la mayor inmediatez posible.

Como medida igualmente de intensificación del control, los contribuyentes que realicen adquisiciones intracomunitarias habrán de llevar un libro registro de existencias; quedando exonerados aquellos contribuyentes que mediante Orden determine la Ministra. Los importadores tendrán que consignar la cantidad, expresada en kilogramos, de plástico no reciclado que introduzcan en territorio español; en caso de que el importador se beneficie de la exención prevista en el artículo 75 f), consistente en que la cantidad de envase de plástico no reciclado no excede de 5 kilogramos en un mes, se habrá de dejar constancia de este hecho en la declaración aduanera (artículo 82.5 y 6).

Los contribuyentes no establecidos en territorio español deberán nombrar un representante, persona física o jurídica, ante la Administración tributaria española para el cumplimiento de sus obligaciones por este impuesto. El representante deberá inscribirse en el «Registro territorial del impuesto especial sobre los envases de plástico no reutilizables» (artículo 82.7). La falta de inscripción constituye infracción tributaria grave y se sanciona con una multa pecuniaria fija de 1.000 euros [artículo 83.2.a) y 3.a)].

VI. IMPUESTO SOBRE EL DEPÓSITO DE RESIDUOS EN VERTEDEROS, LA INCINERACIÓN Y LA COINCINERACIÓN DE RESIDUOS

Siguiendo a CALVO VÉRGEZ, «en la actualidad el conjunto de vertederos que operan en nuestro país recibe cerca de un 54% del total de residuos generados, más del doble que la media comunitaria, situada en el 24%. Ello excede claramente los objetivos europeos de vertido fijados para 2035 por la Directiva 2018/850 del Parlamento Europeo y del Consejo, de 30 de mayo de 2018 (LCEur 2018\858), por la que se modifica la Directiva 1999/31/CE (LCEur 1999\1751) relativa al vertido de residuos, que fija un máximo del 10% .

A nivel comunitario el conjunto de los Estados miembros han de garantizar que los residuos sean objeto de preparación para la reutilización, incluida la obligación de recogida por separado para facilitar la reutilización. En todo caso, de cara a poder cumplir los objetivos establecidos en la normativa comunitaria así como a avanzar hacia una economía circular europea con un alto nivel de eficiencia de los recursos los Estados miembros han de dictar las medidas oportunas para garantizar la consecución de los siguientes objetivos: antes de 2020 debía aumentarse, como mínimo hasta un 50% global de su peso, la preparación para la reutilización y el reciclado de residuos de materiales tales como, al menos, el papel, los metales, el plástico y el vidrio de los residuos domésticos y, posiblemente, de otros orígenes en la medida en que estos flujos de residuos sean similares a los residuos domésticos; antes igualmente de 2020 debía elevarse hasta un mínimo del 70% de su peso la preparación para la reutilización, el reciclado y otra valorización de materiales, incluidas las operaciones de relleno que utilicen residuos como sucedáneos de otros materiales, de los residuos no peligrosos procedentes de la construcción y de las demoliciones, con exclusión de los materiales presentes de modo natural definidos en la categoría 17 05 04 de la lista de residuos; de cara al año 2025 habría de incrementarse la preparación para la reutilización y el reciclado de residuos municipales hasta un mínimo del 55% en peso; para el año 2030 se aumentaría la preparación para la reutilización y el reciclado de residuos municipales hasta un mínimo del

60% en peso; y para 2035 se elevaría la preparación para la reutilización y el reciclado de residuos municipales hasta un mínimo del 65% en peso '.

Los datos más recientes confirmados de los que tenemos noticia son los siguientes respecto a los residuos en vertederos en nuestro país son los siguientes: En el año **2022** se recogieron 23 millones de toneladas de residuos urbanos en España en 2022. De esos residuos urbanos, el 54,7 % se reciclaron; el 34,6 % acabaron en vertedero; el 7,3 % reutilizados mediante relleno; el 3,4 % se incineraron. En el año 2023, España generó 465 kg de residuos municipales per cápita en 2023. Se recicla aproximadamente **41,5 %** del total de residuos que se generan.

Las **Emisiones de gases de efecto invernadero** relacionadas con vertederos, en 2023, los vertederos fueron responsables de ~**74 %** de las emisiones de GEI derivadas de la gestión de residuos en España. s

El Impuesto sobre el depósito en vertederos, la incineración y la coincineración es de carácter indirecto y recae sobre los residuos que se tratan a través de la gestión de residuos está regulado en los arts. 84 a 97 de la Ley 7/2022, de 8 de abril, de Residuos y Suelos Contaminados para una Economía Circular

Naturaleza, objeto y ámbito de aplicación: Se trata de un impuesto indirecto que recae sobre la entrega de residuos en vertederos, instalaciones de incineración o de coincineración para su eliminación o valorización energética, cuya finalidad es el fomento de la prevención, la preparación para la reutilización y el reciclado de los residuos, con la fracción orgánica como fracción preferente y la educación ambiental, al objeto de desincentivar el depósito de residuos en vertedero, la incineración y su coincineración.

El ámbito de aplicación del impuesto será todo el territorio español.

El *Impuesto sobre el Depósito de Residuos en vertederos, la incineración y la coincineración de residuos* gravará los residuos producidos, cuya opción elegida para su tratamiento sea el depósito en vertederos o la incineración. Es decir, cuando el responsable de la gestión del residuo no ha optado por su reciclaje.

El 2 de diciembre de 2015, la Comisión Europea aprobó la Comunicación, *Cerrar el círculo: un plan de acción de la UE para la economía circular,* junto con un plan de acción para contribuir a acelerar la transición de Europa hacia una economía circular, impulsar la competitividad mundial, promover el crecimiento económico sostenible y generar nuevos puestos de trabajo. Un plan de acción que establece 54 medidas para «cerrar el círculo» del ciclo de vida de los productos: de la producción y el consumo a la gestión de residuos y el mercado de materias primas secundarias. También determina cinco sectores prioritarios para acelerar la transición a lo largo de sus cadenas de valor (plásticos, residuos alimentarios, materias primas críticas, construcción y demolición, biomasa y biomateriales). Al mismo tiempo que hace gran hincapié en el establecimiento de cimientos sólidos sobre los que puedan prosperar las inversiones y la innovación. Un plan de acción que también promueve una estrecha cooperación con los Estados miembros, las regiones y los municipios, las empresas, los organismos de investigación, los ciudadanos y otras partes interesadas que participan en la economía circular.

Sobre la economía circular, GARCÍA DE PABLOS[67] ha escrito: «La economía circular es un modelo económico basado en el principio de «cerrar el ciclo de vida» de los recursos, de manera que se produzcan bienes y servicios necesarios y al mismo tiempo que se reduzca el consumo y el desperdicio de energía, agua y materias primas. Un modelo que propugna la existencia de ciclos cerrados de producción y consumo, y que conserven los recursos naturales del planeta y contribuyan a un desarrollo sostenible.

Un modelo de economía que imita a la naturaleza, donde por ejemplo las plantas extraen los materiales del suelo, crecen, alimentan a los animales, mueren y sus nutrientes fertilizan el suelo, ayudando a generar un nuevo ciclo. Mientras que, en la actual economía en los países más desarrollados se basa en la obtención de materias primas del medio natural y su utilización para la producción de bienes que se usan y se desechan con rapidez. Una cultura de «usar y tirar» que nos propone el modelo económico actual y que resulta insostenible, por lo que ha de ser sustituido por un nuevo modelo, en el que participe el sistema de economía circular, basado en la recuperación de materiales para su devolución al sistema productivo.

Los beneficios sociales, ambientales y económicos de la economía circular son inmensos, donde los recursos naturales (energía, agua y materias primas) se utilizan repetidamente, conservándose dentro de la economía local el mayor tiempo posible. La extracción de materias se reduce y, con ella el impacto ambiental en los países de origen de los recursos naturales. Mientras que las actividades relacionadas con el reciclaje de productos se incrementan, con el resultado de la introducción de flujos cerrados de producción, consumo y (re) producción, con un aumento de valor del producto interior bruto de un país y una reducción de la huella ecológica (local y global). Un modelo intensivo en trabajo que se compagina perfectamente con los objetivos medioambientales, dado que el modelo de economía circular promueve la reutilización y el reciclado rutinario de todos los componentes, generando enormes oportunidades para las empresas innovadoras, una economía que puede reducir el coste de vida en un 11%. Ahorro que se suma al bienestar para la sociedad y a los beneficios sociales generados por el aumento del empleo y por las mejoras medioambientales y de salud humana.»

Una economía circular que genera tres efectos claros, la creación de empleo, la reducción de la huella ecológica de una economía (gases de efecto invernadero y degradación ambiental del planeta), y la minoración del coste de vida, junto con una alternativa económica para determinados sectores de la población.

GARCÍA DE PABLOS[68] ha indicado de forma certera que: «Una pieza clave de la economía circular es la gestión de residuos, con la eliminación progresiva de la recogida no selectiva de residuos, de modo que ha de eliminarse el vertido

67. «Los nuevos impuestos sobre residuos y envases de plástico», BIB2021/3325, **Revista Quincena Fiscal** 11/2021.

68. «Los nuevos impuestos sobre residuos y envases de plástico», BIB2021/3325, **Revista Quincena Fiscal** 11/2021.

y la incineración de residuos, a fin de conseguir una tasa de reciclaje del 75% en el año 2030 en la Unión Europea. Un objeto que puede conseguirse de acuerdo a una normativa europea y nacional estricta, así como mediante la introducción de tributos medioambientales que graven el depósito de residuos en vertedero y la incineración de los propios residuos, como podría ser el nuevo *Impuesto sobre el Depósito de Residuos en vertederos, la incineración y la coincineración de residuos,* siempre que cumpla esta finalidad medioambiental, es decir que se penalice la ausencia de reciclaje. Sin embargo, la regulación del impuesto proyectada parece tener más bien una finalidad recaudatoria a favor de las Comunidades Autónomas, en lugar de promover una cultura del reciclaje. Unas consideraciones que pueden hacerse extensibles al nuevo gravamen *sobre envases de plástico no reutilizables.»*

El hecho imponible del *Impuesto sobre el Depósito de Residuos en Vertederos, la Incineración y la Coincineración de Residuos* está formado por:

a) La entrega de residuos en vertederos, de titularidad pública o privada, situados en España.

b) La entrega de residuos para su eliminación o valorización energética en las instalaciones de incineración de residuos autorizadas, tanto de titularidad pública como privada, situadas en España.

c) La entrega de residuos para su eliminación o valorización energética en las instalaciones de coincineración de residuos autorizadas, tanto de titularidad pública como privada, situadas en España.

Mientras que estarán exentas las siguientes operaciones:

a) La entrega de residuos en vertederos, o en instalaciones de incineración, o de coincineración de residuos, ordenada por las autoridades públicas en situaciones de fuerza mayor, extrema necesidad o catástrofe, o cuando se trate de decomisos de bienes a destruir.

b) La entrega de residuos en vertederos, o en instalaciones de incineración, o de coincineración de residuos que procedan de operaciones sujetas que hubiesen tributado efectivamente por este impuesto.

c) La entrega de residuos en vertederos o en instalaciones de incineración o de coincineración de residuos para los que exista la obligación legal de eliminación en estas instalaciones.

d) La entrega en vertedero, por parte de las administraciones, de los residuos procedentes de la descontaminación de suelos que no hayan podido ser tratados in situ de acuerdo con lo señalado en el artículo 7.3 del Real Decreto 9/2005, cuando las Administraciones actúen subsidiariamente directa o indirectamente en actuaciones de descontaminación de suelos contaminados declaradas de interés general por ley.

e) La entrega en vertederos de residuos inertes adecuados para obras de restauración, acondicionamiento o relleno realizadas en el mismo y con fines de construcción.

f) La entrega en vertedero o en instalaciones de incineración o de coincineración, de residuos resultantes de operaciones de tratamiento distintos de los rechazos de residuos municipales, procedentes de instalaciones que realizan operaciones de valorización que no sean operaciones de tratamiento intermedio.

El devengo se producirá cuando se realice la entrega de residuos en vertederos o en el momento de incineración o coincineración de los residuos en las instalaciones de incineración de residuos o de coincineración de residuos.

Los contribuyentes son las personas físicas y jurídicas y las entidades a que se refiere el artículo 35.4_de la Ley 58/2003, de 17 de diciembre, General Tributaria, que realicen el hecho imponible. Mientras que tendrán la consideración de sustitutos del contribuyente, las personas o entidades que sean gestoras de los vertederos, o de las instalaciones de incineración, o de coincineración de residuos cuando sean distintas de quienes realicen el hecho imponible.

La base imponible del gravamen estará constituida por el peso, referido en toneladas métricas con expresión de tres decimales, de los residuos depositados en vertederos, incinerados o coincinerados. Una base imponible por cada instalación en que se realicen las actividades gravadas, que se determinará por estimación directa y, cuando no sea posible, por estimación indirecta, teniendo en cuenta cualquier dato, circunstancia o antecedente que pueda resultar indicativo del peso de los residuos depositados, incinerados o coincinerados, y en particular el levantamiento topográfico del volumen de residuo y la caracterización del residuo depositado, incinerado o coincinerado, con determinación de la densidad y composición.

La base imponible que se someterán a los siguientes tipos impositivos:

— *Entrega en vertederos de residuos no peligrosos:*

- residuos municipales: 40 euros por tonelada métrica.
- rechazados de residuos municipales: 30 euros por tonelada métrica.
- residuos distintos de los anteriores, eximidos de tratamiento previo: 15 euros por tonelada métrica.
- Otro tipo de residuos: 10 euros por tonelada métrica.

— *Entrega en vertederos de residuos peligrosos:*
- Residuos eximidos de tratamiento previo, 8 euros por tonelada métrica.
- Otro tipo de residuos: 5 euros por tonelada métrica.

— *Entrega en vertederos de residuos inertes:*

- Residuos eximidos de tratamiento previo, 8 euros por tonelada métrica.
- Otro tipo de residuos: 1,5 euros por tonelada métrica.

— *Entrega de residuos municipales en instalaciones de eliminación (D10):*

- residuos municipales: 20 euros por tonelada métrica.
- rechazados de residuos municipales: 15 euros por tonelada métrica.
- residuos distintos de los anteriores, eximidos de tratamiento previo: 7 euros por tonelada métrica.

— *Entrega de residuos municipales en instalaciones de incineración clasificadas como instalaciones de valorización (R1):*

- residuos municipales: 15 euros por tonelada métrica.
- rechazados de residuos municipales: 10 euros por tonelada métrica.
- Residuos distintos de los anteriores, eximidos de tratamiento previo: 4 euros por tonelada métrica.

— *Otras instalaciones de incineración de residuos:*

- residuos municipales: 20 euros por tonelada métrica.
- rechazados de residuos municipales: 15 euros por tonelada métrica.
- residuos distintos de los anteriores, no sometidos a operaciones de tratamiento: 5 euros por tonelada métrica.
- Otro tipo de residuos: 3 euros por tonelada métrica.

— *Residuos coincinerados en instalaciones de coincineración*: 0 euros por tonelada métrica.

La competencia para la gestión, liquidación, recaudación e inspección de este impuesto corresponderá a la Agencia Estatal de Administración Tributaria, salvo cuando este gravamen se haya cedido a las Comunidades Autónomas.

Por otra parte, los sujetos pasivos deberán presentar trimestralmente por vía telemática una autoliquidación comprensiva de las cuotas devengadas en cada trimestre natural, e ingresar el importe en los 30 días naturales siguientes del mes posterior a cada trimestre natural, de acuerdo a los modelos que se aprueben.

Unos sujetos pasivos del impuesto que deberán inscribirse, con anterioridad al inicio de su actividad, en el *Registro territorial del Impuesto sobre el Depósito de Residuos en Vertederos, la Incineración y la Coincineración de Residuos*, en los términos que reglamentariamente se determine (en el plazo de 30 días naturales siguientes a la entrada en vigor de la Orden reguladora del registro). Una omisión que constituye una infracción tributaria grave, sancionada con multa pecuniaria fija de 1.000 euros.

Al mismo tiempo que los sujetos pasivos del citado gravamen y que sean titulares de la explotación de los vertederos, de las instalaciones de incineración y de los almacenamientos de residuos deberán llevar, en los términos que se determine reglamentariamente, un registro fechado de las entradas de residuos depositados, incinerados y coincinerados.

La Ley 7/2022 establece en su Disposición Transitoria Séptima la regulación de la cesión del rendimiento de este impuesto, de forma que mientras no se produzca dicha cesión será el Estado el que recaude, aunque dicha recaudación se distribuya en función del lugar donde se hubiera realizado el hecho imponible. Al mismo tiempo que en la Disposición Transitoria Octava recoge la posibilidad de que las Comunidades Autónomas puedan asumir, por delegación del Estado, la gestión de este impuesto respecto de los hechos imponibles producidos en su territorio, previa petición, al propio tiempo que podrán asumir las siguientes competencias:

— Gestión Tributaria:

- La realización de los actos de trámite y la práctica de liquidaciones tributarias.
- La calificación de las infracciones y la imposición de sanciones tributarias.
- La publicidad e información al público de obligaciones tributarias y su forma de cumplimiento.
- La aprobación de modelos de declaración, que deberán contener los mismos datos que los aprobados por la persona titular del Ministerio de Hacienda.
- En general, las demás competencias necesarias para la gestión de los tributos.

— Gestión recaudatoria:

Corresponderá a las Comunidades Autónomas la recaudación en período voluntario de pago y en período ejecutivo, así como la concesión de aplazamientos/fraccionamientos, ajustándose a lo dispuesto en la normativa del Estado.

— Actividad inspectora:

Corresponderán a las Comunidades Autónomas la realización de las actuaciones inspectoras aplicando la normativa estatal (actuaciones comprobadoras e investigadoras de las Comunidades Autónomas relativas a este impuesto que deban efectuarse fuera de su territorio serán realizadas por la Inspección de los Tributos del Estado o la de la Comunidad Autónoma competente por razón del territorio, previa solicitud de la Comunidad Autónoma que lo requiera).

Algunas Comunidades Autónomas que han establecido sus propios Impuestos sobre Residuos, por lo que aquellas Comunidades que dispongan de dichos gravámenes propios a fecha 17 de diciembre de 2020, tendrán derecho a la compensación prevista en el artículo 6.2 de la Ley Orgánica 8/1980, de Financiación de las Comunidades Autónomas, unas compensaciones que se minorarán en el importe de la recaudación que tengan derecho a percibir conforme a la Ley estatal que regula el *Impuesto sobre el Depósito de Residuos en Vertederos y la Incineración de Residuos.*

Capítulo sexto

LA UNIÓN EUROPEA Y SU ACTUACIÓN SOBRE LA FISCALIDAD DEL MEDIO AMBIENTE

I. TRAYECTORIA EUROPEA EN EL ESTABLECIMIENTO DE NORMAS MEDIOAMBIENTALES

En Europa, son los poderes públicos, en sus respectivos marcos de actuación, los garantes del ejercicio de los derechos de los ciudadanos para con el medio ambiente, así como para conseguir, la salud pública, el medio ambiente adecuado, y las libertades ciudadanas, que permitan garantizar su ejercicio y disfrute.

Existen Constituciones que hablan del medio ambiente incluso como un derecho fundamental. Para otras, es una obligación del Estado protegerlo y, aunque existen otras que no lo mencionan, en realidad la mayoría lo reconocen de algún modo u otro, haciendo referencia, en sus textos, al medio ambiente como objeto de una protección especial. Al respecto, en el Constitucionalismo Europeo contemporáneo, la protección del ambiente encuentra un vago eco en los textos que se promulgan inmediatamente después de la II Guerra Mundial. Tras la transformación sociocultural de los años sesenta, las Constituciones en Europa aceptarán más ampliamente el referente ecológico como componente básico del Estado social de Derecho. En 1947, la Constitución Italiana en su artículo 9.2, propugna como fin encomendado a los poderes públicos la salvaguardia del *paisaje y el patrimonio histórico artístico de la Nación»*. El precepto citado fue objeto de críticas por quienes entendían que el entorno y el medio ambiente no se reducen al paisaje únicamente. Sin embargo, gracias a la interpretación extensiva que se ha llevado a cabo en ese país, ahora se entiende por «paisaje», a la forma del territorio, en continua evolución, en relación directa con la actividad realizada por el hombre, y se tutela a través del control de las intervenciones realizadas por las comunidades presentes sobre el territorio[69].

Siguiendo el recorrido realizado de forma concisa por JIMENÉZ VARGAS[70]: «A partir de los años setenta, los textos constitucionales conceden un grado superior de especificación al tema de la protección medioambiental. En esta tendencia, está la Constitución de Grecia que en su artículo 24, reconoce una gama de matices que abarcan desde la protección del ambiente natural y cultural hasta la restricción que puede afectar a aquella propiedad sobre la cual se asienta un monumento histórico. Por su parte la Constitución Portuguesa de 1976 en su artículo 66.1, defiende el patrimonio natural, tanto en su concepción de principio programático rector de la actuación del poder público, como a partir de medidas concretas que complementan la orientación a seguir: todos tienen derecho a un medio ambiente de vida humano, salubre y ecológicamente equilibrado, y el deber de defenderlo. En el caso de la Constitución Alemana, y mediante reforma de 27 de Octubre de 1994, se adopta, el Capítulo II denominado *«Der Bund und die Länder»* (la Federación y los Länder), de donde se desprende en su el artículo 20.a, que el Estado en un espíritu de responsabilidad con las futuras generaciones, también protegerá las condiciones de la vida natural y los animales, a través de la legislación en concordancia con la ley y la justicia mediante la acción del poder ejecutivo y judicial y todo ello en el marco del orden constitucional. No obstante, lo más que se postula es la incorporación de normas de principio o de mandatos directos al legislador, quedando lejana la configuración de un derecho en concreto.»

Como ha escrito, JIMÉNEZ VARGAS[71]: «Para hablar del origen de la armonización fiscal en Europa, hay que remontarse a la década de los años 70. El año 1970, fue declarado por la Organización de las Naciones unidas (ONU), «Año de protección de la Naturaleza». La protección del medio ambiente es una cuestión de importancia internacional desde que en 1972, en la Conferencia de las Naciones Unidas sobre el Medio Humano, celebrada en Estocolmo, donde se puso de manifiesto la necesidad de que los Estados integrasen en sus planes de desarrollo la necesidad de proteger y mejorar el medio humano en beneficio de su población.

Estocolmo se convierte en centro internacional en temas medioambientales, sobre todo los relacionados con la degradación ambiental y la contaminación transfronteriza; este último concepto fue trascendente, ya que con él se reconoce el hecho de que la contaminación no establece límites políticos, ni geográ-

---

69. JIMÉNEZ VARGAS, P. J., «Fiscalidad ambiental en España y su armonización europea. Environmental taxation in Spain and the European», **Revista Quincena Fiscal** num.1/2016, BIB 2015\18385

70. JIMÉNEZ VARGAS, P. J., «Fiscalidad ambiental en España y su armonización europea. Environmental taxation in Spain and the European», **Revista Quincena Fiscal** num.1/2016, BIB 2015\18385

71. JIMÉNEZ VARGAS, P. J., «Fiscalidad ambiental en España y su armonización europea. Environmental taxation in Spain and the European», Revista Quincena Fiscal num.1/2016, BIB 2015\18385.

ficos ya que afecta a todos los países, regiones y pueblos de nuestro Planeta. Entre los problemas medioambientales globales más importantes se incluyen, todo tipo de contaminación: el cambio climático, la reducción de la capa de ozono, el mal uso de los recursos naturales como los océanos y los recursos de agua dulce, la deforestación excesiva, la desertificación y degradación de la tierra, los vertidos peligrosos y la disminución de la diversidad biológica entre muchos otros, (Deslocalización productiva). Con la globalización, gobiernos y administraciones de distintos países comienzan a disponer de políticas e instrumentos que, directa o indirectamente, van en la línea de defensa del medio ambiente. Por otro lado, se crean numerosas comisiones, como la Comisión Mundial sobre el Medio Ambiente y de Desarrollo de 1984 (CMMAD), o la Comisión de Derechos Humanos de la ONU, celebrada en Marzo de 1990, ambas vinculadas a la conservación del medio ambiente.»

En 1992, se celebra «La Cumbre para la Tierra de Río de Janeiro», con la que se reconoce, a nivel internacional, el hecho de que la protección del medio ambiente y la administración de sus recursos naturales deben integrarse en las cuestiones socio— económicas de pobreza y subdesarrollo. Esta idea, engloba conceptos como: «desarrollo sostenible» y «desarrollo sustentable», hecha por la Comisión Mundial del Medio Ambiente y de Desarrollo, con el objetivo principal de introducir y crear un programa extenso, y un plan internacional en temas de medio ambiente y de desarrollo que servirían como base de la cooperación internacional en el desarrollo de programas durante el vigente siglo.

El 7 de febrero de 1992, se produce un gran impulso armonizador en lo que se refiere a fiscalidad ambiental en Europa, con la firma del Tratado de Maastricht (TUE en adelante). A través del nuevo Tratado se introducen un conjunto de normas relativas al medio ambiente, instaurando de este modo un mercado único e interior. Concretamente, en la Parte III del Título VII, artículos 130.R al 130.T, se establecen los objetivos y los principios en que se basara la política medioambiental de la Unión Europea: Principio de Cautela, Principio de Acción Preventiva, Principio de Corrección en la fuente, y Principio de Quien contamina, paga.

Entre otros documentos que hacen alusión a la necesidad de poner en práctica el principio de «quien contamina paga», a través de instrumentos fiscales, nos encontramos también con el Informe de la Agencia Europea del Medio Ambiente (AEMA) titulado *«El tributo ambiental. Aplicación y efectividad sobre el medio ambiente»*. Este informe, se centra en la efectividad medioambiental del impuesto verde, en los obstáculos políticos y en las soluciones para su aplicación. La AEMA señala como ventajas a la hora de utilizar impuestos ambientales entre otras, las siguientes: la eficacia de éstos para la internalización de externalidades o, lo que es igual, la eficacia de incorporar los costes de los perjuicios ambientales, en el precio del producto o servicio; la capacidad de proporcionar incentivos a la innovación de la industria en la medida que reducen costes; y el hecho de aumentar la renta fiscal para mejorar el gasto en medio ambiente o reducir impuestos sobre el trabajo, sobre el capital, y el ahorro. A pesar de que las conclusiones de la AEMA sobre la efectividad de los impuestos verdes son positivas, debemos entender este optimismo en su justa medida, ya que la propia Agencia condiciona esta eficacia a una larga serie de requisitos previos, como que el impuesto debe ser alto, y no se deja de reconocer que para comprobar la efectividad de un impuesto sobre el ambiente, debe transcurrir un período de al menos dos años, y que muchas veces la verdadera efectividad se da cuando el impuesto es uno más de los instrumentos utilizados a favor del medio ambiente, dentro de una política ambiental concreta.

Continuando con el proceso de armonización fiscal que se había comenzado con el TUE, la Comisión Europea propone establecer un impuesto de ámbito nacional de tipo mixto consistente en gravar la energía en función de su contenido de carbono y de sus emisiones de dióxido de carbono. Se aprueban numerosas Directivas como la relativa al régimen de circulación y control de productos objeto de imposición especial, (Directiva 92/12 CEE de 25 de Febrero), llamada también «Directiva Horizontal», el artículo 3.1 de la mimas establece su ámbito de aplicación que es el del territorio comunitario y los productos afectados: los hidrocarburos, el alcohol y las bebidas alcohólicas, y las labores del tabaco. Además, en el mismo artículo en su apartado tercero, aclara que los Estados miembros conservarán la facultad de introducir o mantener gravámenes sobre otros productos que no sean los enunciados en el apartado 1, siempre y cuando dichos gravámenes no den lugar, en el comercio entre Estados miembros, a formalidades relativas al cruce de fronteras.

En 1994, la OCDE (Organización para la cooperación y el desarrollo económico), en su informe titulado «*La fiscalidad y el Medio Ambiente. Políticas complementarías*», asegura que: en principio, se puede llegar a cualquier plan de reducción de la contaminación, ya sea mediante regulaciones que limitan las emisiones a un nivel dado, o ya sea a través de mecanismos de mercado, tal como impuestos o cánones tendentes a incitar a reducirlas emisiones a este mismo nivel. De esta frase deducimos que desde un punto de vista teórico, se puede optar por instrumentos administrativos (normas reguladoras que establezcan estándares de contaminación), o bien por instrumentos de mercado (impuestos). La OCDE también tiene en cuenta que, en ocasiones, los mecanismos de mercado no actúan de una forma favorable al medio ambiente. Por ejemplo, cuando se trata de una empresa pública, los incentivos a la reducción de costes vía impuestos ambientales no suelen ser eficientes, de otro lado, en la organización interna de la empresa no son las mismas personas, las que toman decisiones de organización o de producción, cuando una empresa está en situación de monopolio; por eso, hay que estar al caso concreto para identificar las carencias de una determinada situación y comprobar los instrumentos adecuados en cada caso para influir en el ambiente.

Del mismo modo, el 11 de diciembre de 1997 se aprueba el «Protocolo de Kyoto», que entró en vigor el 16 de febrero de 2005. En él, se establecen unos objetivos de obligado cumplimiento para 37 países industrializados, y la Comunidad Europea, con el fin de reducir las emisiones de los gases de efecto invernadero (GEI). Este «Pacto Mundial», financiado por el Banco mundial, y encabezado por las Naciones Unidas, compromete a la comunidad empresarial internacional, al cumplimiento de principios relativos al medio ambiente, a la vez que involucra al Fondo para el Medio Ambiente Mundial (FMAM), que se constituyó de la asociación del Programa de las Naciones Unidas para el Desarrollo (PNUD) y el Programa de las Naciones Unidas para el Medio Ambiente (PNUMA).

Dada la gran importancia de la protección ambiental, y bajo el principio de la sostenibilidad, la Asamblea General de Naciones Unidas, establece un calendario de efemérides con el objetivo de catalizar una acción positiva a nivel mundial. Entre ellas: El Decenio de las Naciones Unidas de la Educación para el Desarrollo Sostenible (2005/2014), el *Decenio Internacional para la Acción, «El agua, fuente de vida»* (2005/2014). Además, el Año Internacional de las Fibras Naturales (2009), el Año Internacional de la Diversidad Biológica (2010), y el Año Internacional de los Bosques (2011). Por último, en junio de 2014, se celebra, la Primera Asamblea de las Naciones Unidas sobre el Medio Ambiente (UNEA), bajo el eslogan *«Una vida digna para todos»*, que logra reunir en Nairobi (Kenia) a más de 1200 participantes, 170 delegaciones nacionales, 80 ministros y 40 eventos.

La incorporación de impuestos para lograr objetivos medioambientales se ha ido realizando de forma progresiva convirtiéndose en una práctica común en la mayoría de Estados miembros europeos. De cualquier modo, dentro de esta tendencia, se observa un posicionamiento muy desigual de los distintos países que se sitúa entre dos extremos o grupos: primero, aquellos socios comunitarios en cuyos sistemas fiscales apenas se aprecia alguna figura impositiva ecológica; y segundo, aquellos otros países que, mediante el establecimiento o aumento de impuestos ambientales, han modificado sus sistemas tributarios, mediante la denominada Reforma Fiscal Verde. La idea fundamental es traspasar la carga impositiva desde las rentas del trabajo y del capital, hacia el uso inapropiado y excesivo de los recursos naturales y energéticos, así como gravar la contaminación nociva para el medio ambiente. La UE incorpora el medio ambiente como una de sus prioridades políticas. A pesar de la conformidad de la UE con este tipo de impuestos, no se ha implementado ningún impuesto ambiental a nivel supranacional, debido a la dificultad de encontrar una posición común entre los Estados. Lo más próximo que se plantea es un informe encargado por la Comisión Europea, publicado en 1993, sobre el uso de un impuesto sobre el dióxido de carbono como recurso propio. La Comisión Europea realizó numerosos esfuerzos para armonizar gravámenes e impuestos sobre combustibles fósiles que ha sido la máxima expresión de la fiscalidad ambiental a nivel europeo. Donde todavía subsisten grandes disparidades, es a lo que se refiere a la tributación de los productos energéticos como el uso de aceites, el gas natural la gasolina la electricidad y el carbón[72].

---

72. JIMÉNEZ VARGAS, «Fiscalidad ambiental en España y su armonización europea. Environmental taxation in Spain and the European», Revista Quincena Fiscal num.1/2016, BIB 2015\18385

II. FINALIDAD EXTRAFISCAL DE LOS TRIBUTOS EN EL ÁMBITO DE LA LEGISLACIÓN EUROPEA

El artículo 4.2 del TFUE establece las materias de competencias compartidas entre la Unión y los Estados miembros, entre las que se incluyen, en la letra e), el medio ambiente, y en la letra i) la energía. En estos casos de competencias compartidas, la Unión y los Estados miembros podrán legislar y adoptar actos jurídicamente vinculantes en dicho ámbito. Los Estados miembros ejercerán su competencia en la medida en que la Unión no haya ejercido la suya. Los Estados miembros ejercerán de nuevo su competencia en la medida en que la Unión haya decidido dejar de ejercer la suya.

En cuanto a la protección del medio ambiente, el artículo 11 del TFUE establece que las exigencias de la protección del medio ambiente deberán integrarse en la definición y en la realización de las políticas y acciones de la Unión, en particular con objeto de fomentar un desarrollo sostenible.

Y en el artículo 191.2 del TFUE, se manifiesta que la política de la Unión en el ámbito del medio ambiente tendrá como objetivo alcanzar un nivel de protección elevado, teniendo presente la diversidad de situaciones existentes en las distintas regiones de la Unión. Se basará en los principios de cautela y de acción preventiva, en el principio de corrección de los atentados al medio ambiente, preferentemente en la fuente misma, y en el principio de quien contamina paga.

La Directiva 2003/96/CE del Consejo de 27 de octubre de 2003 por la que se reestructura el régimen comunitario de imposición de los productos energéticos y de la electricidad deja un margen de discrecionalidad relativamente amplio a los Estados miembros para que introduzcan este interés ambiental, establecido en el TFUE, en la imposición de los productos energéticos y la electricidad, dejando a libre disposición de los Estados esta cuestión.

Así, en los Considerando de la Directiva se manifiesta que la imposición de los productos energéticos y, cuando proceda, de la electricidad, constituye uno de los instrumentos de que se dispone para alcanzar los objetivos del Protocolo de Kioto. Además, para alcanzar estos objetivos considera conveniente dejar a los Estados miembros la flexibilidad necesaria para definir y aplicar políticas adaptadas a sus circunstancias nacionales, permitiéndoles ajustarse a los niveles mínimos comunitarios de imposición mediante la acumulación de todos los impuestos indirectos recaudados que hayan decidido aplicar (a excepción del IVA).

Como bien ha indicado Martín Santana[73], «Es importante destacar la previsión del artículo 15 de dicha Directiva, que establece que los Estados miembros podrán aplicar bajo control fiscal exenciones totales o parciales o reducciones del nivel de imposición a la electricidad de origen solar o eólico, generada por el oleaje, de origen mareomotriz o geotérmico, de origen hidráulico producida en instalaciones hidroeléctricas, generada a partir de biomasa y

---

73. «Finalidad extrafiscal en los tributos que gravan el autoconsumo eléctrico de fuentes de energía renovables», BIB 2020\37140, **Revista Quincena Fiscal** num.21/2020.

productos elaborados a partir de la biomasa, generada por metano emitido por minas de carbón abandonadas, generada por pilas de combustible, así como a los productos energéticos y la electricidad utilizados para la generación combinada de calor y electricidad, y a la electricidad producida por la generación combinada de calor y electricidad, siempre que los generadores combinados sean respetuosos con el medio ambiente o de rendimiento elevado, hasta que el Consejo, basándose en un informe y una propuesta de la Comisión, adopte por unanimidad una definición común.

Por supuesto, estas decisiones de los Estados miembros deberán respetar los principios y libertades garantizados en el TFUE y en las Directivas y Reglamentos que desarrollan el Derecho originario comunitario, así como la jurisprudencia que interpreta el ordenamiento comunitario.»

Podemos afirmar por tanto que en el marco del derecho comunitario es posible la utilización de los tributos con finalidad extrafiscal, admitiéndose la libertad de cada Estado miembro para establecer gravámenes diferenciadores en virtud de criterios objetivos, siempre que tales gravámenes en encaminen a conseguir objetivos compatibles con ordenamiento comunitario, como es la protección del medio ambiente[74].

Como ocurre también con el ordenamiento interno de cada Estado, al establecer un tributo con finalidad extrafiscal, en este caso medioambiental, se tienen que ponderar las prescripciones comunitarias de tipo ambiental con las libertades básicas del TFUE, como la competencia y la libertad de circulación, logrando un equilibrio, y sin que necesariamente tengan que prevalecer las libertades fundamentales del TFUE frente a los fines medioambientales7. La protección del medio ambiente es además un principio transversal, que, como tal, determina que las exigencias de la protección del medio ambiente deberán integrarse en la definición y en la realización de las políticas y acciones de la Unión, en particular con objeto de fomentar un desarrollo sostenible (artículo 11 del TFUE).

En relación con este asunto, se pronunció el Tribunal de Justicia de la Unión Europea, en sentencia de 20 de septiembre de 1988, Comisión/Dinamarca, Asunto 302/86, considerando la protección del medio ambiente como uno de los objetivos esenciales de la Comunidad que, como tal, puede justificar ciertas limitaciones al principio de la libre circulación de las mercancías.

Y posteriormente, a través de la Sentencia de 2 de abril de 1998, Outokumpu Oy, - Asunto C-213/96, que aunque se opone a un impuesto claramente discriminatorio para el resto de países de la UE (distintos de Finlandia) reconoce la finalidad extrafiscal de los tributos, recordando que, según jurisprudencia reiterada de este Tribunal, el Derecho comunitario no restringe la libertad de cada Estado miembro de establecer un sistema diferenciado de tributación para algunos productos, pero estas diferencias sólo son compatibles con el Derecho comunitario si persiguen objetivos de política económica compatibles, a su vez,

---

74. BORREGO MORO, C.,» Límites del Derecho Comunitario en los tributos ambientales», en **Noticias de la Unión Europea**, núm. 193, 2001, pág.21.

con las prescripciones del Tratado y del Derecho derivado, y si se aplican de manera que eviten cualquier forma de discriminación, directa o indirecta, respecto a las importaciones procedentes de los demás Estados miembros, o de protección de las producciones nacionales competidoras.

El Tribunal confirma que el artículo 95 del Tratado no se opone, por tanto, a que el tipo de un tributo interno sobre la electricidad varíe según el método de producción de ésta y según las materias primas utilizadas para dicha producción, en la medida en que esa diferenciación se base en razones relacionadas con el medio ambiente porque la protección del medio ambiente constituye uno de los objetivos esenciales de la Comunidad. Además, considera que la compatibilidad con el medio ambiente de los métodos de producción en particular de la energía eléctrica constituye un objetivo importante de la política energética de la Comunidad.

En este mismo sentido se pronuncia el Tribunal de Justicia Europeo cuando tiene que valorar algunas medidas de los Estados miembros como ayudas de estado, Sentencia del Tribunal de Justicia, de 13 de marzo de 2001, PreussenElektra AG/Schleswag G, Asunto 379/98; Sentencia del Tribunal de Justicia, de 8 de noviembre de 2001, Adria-Wien Pipeline GMBH, Asunto C-143/99.

Es necesario señalar también que en otras resoluciones el Tribunal de Justicia parece sacrificar la protección del medio ambiente en beneficio de otras libertades comunitarias, o normas de derecho derivado armonizadoras de la imposición indirecta, dentro del análisis y ponderación que realiza el Tribunal: Sentencia del Tribunal de Justicia, de 29 de noviembre de 2001,François De Coster, Asunto C-17/00; Sentencia del Tribunal de Justicia, de 10 de junio de 1999, sobre el Impuesto sueco de protección del medio ambiente que gravaba la navegación aérea interna de carácter comercial, Asunto 346/97.

Para concluir con esta revisión de la finalidad extrafiscal medioambiental en el ámbito europeo, y siguiendo lo escrito por MARTÍN SANTANA[75] al pronunciamiento del Tribunal de Justicia de la Unión Europea en la Sentencia de 27 de febrero de 2014, C 82/12, Jordi Besora, que declaró incompatible con el artículo 1.2 de la Directiva 2008/118/EU, de 16 de diciembre de 2008, relativa al régimen general de los impuestos especiales, el Impuesto sobre Ventas Minoristas de Determinados Hidrocarburos, conocido como «céntimo sanitario» español, considerando que e l artículo 3, apartado 2, de la Directiva 92/12/CEE del Consejo, de 25 de febrero de 1992, relativa al régimen general, tenencia, circulación y controles de los productos objeto de impuestos especiales, debe interpretarse en el sentido de que se opone a una norma nacional que establece un impuesto sobre la venta minorista de hidrocarburos, como el Impuesto sobre las Ventas Minoristas de Determinados Hidrocarburos controvertido en el litigio principal, ya que no puede considerarse que tal impuesto persiga una finalidad específica en el sentido de dicha disposición, toda vez que el mencionado impuesto, destinado a financiar el ejercicio, por parte de los entes territoriales

---

75. «Finalidad extrafiscal en los tributos que gravan el autoconsumo eléctrico de fuentes de energía renovables», BIB 2020\37140, **Revista Quincena Fiscal** num.21/2020.

interesados, de sus competencias en materia de sanidad y de medioambiente, no tiene por objeto, por sí mismo, garantizar la protección de la salud y del medioambiente.

Para llegar a esta conclusión, el TJUE señala que una finalidad específica, en el sentido del artículo 3, apartado 2, de la Directiva 92/12, es un objetivo distinto del exclusivamente presupuestario, tal y como ha reiterado la jurisprudencia de este Tribunal. Y, en este punto destaco «exclusivamente» porque el Tribunal reconoce que todo impuesto tiene necesariamente una finalidad presupuestaria, por lo que esto no puede excluir per se que pueda tener también una finalidad específica y extrafiscal.

En este caso concreto, para considerar que el IVMDH persigue una finalidad específica, sería preciso que el impuesto tuviese por objeto, por sí mismo, garantizar la protección de la salud y del medioambiente, es decir, que los rendimientos de dicho impuesto debieran utilizarse obligatoriamente para reducir los costes sociales y medioambientales vinculados específicamente al consumo de los hidrocarburos que grava dicho impuesto, existiendo un vínculo directo entre el uso de los rendimientos y la finalidad del impuesto en cuestión. Esta vinculación no existe en el caso de referencia, ya que el impuesto se destina a financiar el ejercicio, por parte de los entes territoriales interesados, de sus competencias en materia de sanidad y de medioambiente, y no tiene por objeto garantizar la protección de la salud y del medioambiente.

Por tanto, la finalidad extrafiscal de los tributos es compatible con el Derecho comunitario y la jurisprudencia del TFUE, siempre que respete el ordenamiento comunitario y tenga una «verdadera» finalidad extrafiscal

III. MEDIDAS NO TRIBUTARIAS PARA PRESERVAR LA BIODIVERSIDAD: EL PRINCIPIO DE NO CAUSAR UN PERJUICIO SIGNIFICATIVO AL MEDIO AMBIENTE

El alcance que los primeros instrumentos normativos adoptados con la finalidad de impulsar la ejecución del Plan de Recuperación, Transformación y Resiliencia poseen en la esfera del Derecho ambiental. En este sentido, conviene recordar que con la promulgación del Real Decreto-ley 36/2020, de 30 de diciembre se han producido una serie de importantes modificaciones en algunos de los instrumentos jurídico-administrativos esenciales sobre los que se edifica la intervención de la Administración pública en materia medioambiental (evaluación ambiental, prevención y control integrados de la contaminación, autorizaciones ambientales, etc.). Estas reformas, las cuales han pasado desapercibidas ante los ojos del conjunto de la población, plantean una serie de importantes interrogantes desde el prisma de la seguridad jurídica, la efectividad de la intervención del poder público en la salvaguarda de los recursos naturales o la afectación del principio de elevado nivel de protección ambiental que subyace en el Mecanismo de Recuperación y Resiliencia de la Unión Europea.

Tomando como referencia la exposición de DOMÍNGUEZ ÁLVAREZ[76], «El 27 de mayo de 2020, en respuesta a la crisis sin precedentes causada por la irrupción de la COVID-19, la Comisión Europea propuso la creación del instrumento temporal de recuperación Next Generation EU, por valor de 750.000 millones de euros, y refuerzos específicos del presupuesto a largo plazo de la Unión Europea para el periodo 2021-20272 . Poco después, el 21 de julio de 2020, el Consejo Europeo acordó la puesta en marcha efectiva del Instrumento de Recuperación de la Unión Europea con la finalidad de promover un conjunto de importantes transformaciones para hacer frente a las consecuencias económicas adversas de la crisis de la COVID-19, mediante el fomento de un conglomerado de medidas dirigidas especialmente a restablecer el empleo y la creación de puestos de trabajo; revitalizar el potencial del crecimiento sostenible; garantizar la continuidad de la actividad productiva de las pequeñas y medianas empresas; fomentar la investigación y la innovación; aumentar el nivel de preparación de la Unión frente a situaciones de crisis; garantizar una transición justa hacia una economía neutra, desde el punto de vista climático, o hacer frente al impacto de la crisis de la COVID-19 en la agricultura y el desarrollo rural».

Siguiendo el trabajo de VICENTE DÁVILA[77], «El principio de no causar un perjuicio significativo al medio ambiente (conocido como «DNSH» por sus siglas en inglés «do no significant harm»), tiene una importancia cuyo alcance y significado no puede mirarse de soslayo. En primer lugar, porque es una exigencia comunitaria que ha llegado para quedarse al engarzarse como pieza clave en la arquitectura comunitaria de las inversiones sostenibles, proceso denominado «taxonomía europea». En segundo lugar, por su relevancia como principio transversal, destinado a asegurar la sostenibilidad de todas las reformas e inversiones que le otorga el Mecanismo de Recuperación y Resiliencia. Esta trascendencia significa que todas las actuaciones que se ejecuten con cargo al Plan de Recuperación, Transformación y Resiliencia (PRTR) no podrán implicar actividades que directa o indirectamente ocasionen un perjuicio significativo al medio ambiente, de acuerdo con el artículo 17 del Reglamento (UE) 2020/852 del Parlamento Europeo y del Consejo de 18 de junio de 2020 (Reglamento de Inversiones Sostenibles), en cuyo caso las actuaciones no serán elegibles o siéndolo pueden decaer como no financiables si no se cumple adecuadamente con el principio DNSH. En consecuencia, todos los instrumentos jurídicos que se utilicen para canalizar las actuaciones en ejecución del PRTR, deberán cumplir con este principio tanto en su sentido material como formal, ya que, como veremos, este requisito alcanza también al deber de incorporar menciones expresas que

---

76. «La importancia de las consideraciones medioambientales en la ejecución del plan de recuperación, transformación y resiliencia. Retrospectivas de futuro», **Actualidad Jurídica Ambiental**, n.114, Sección «Artículos doctrinales».

77. «El principio de no causar un perjuicio significativo al medio ambiente (DNSH) como mecanismo de evaluación ambiental de las actuaciones del plan de recuperación, transformación y resiliencia: a propósito de la orden HFP/1030/2021, del 29 de septiembre por la que se configura el sistema de gestión del plan de recuperación, transformación y resiliencia», Actualidad Jurídica Ambiental, n. 119, sección «artículos doctrinales».

aseguren su cumplimiento en todos los instrumentos que se utilicen en su ejecución: bases de convocatoria de subvenciones, procedimientos de contratación pública, convenios, encargos o encomiendas.

El análisis de este principio exige situarlo en el marco lógico de la financiación extraordinaria de los fondos del Mecanismo para la Recuperación y Resiliencia. El Reglamento (UE) 2021/241, del Parlamento Europeo y del Consejo, de 12 de febrero, por el que se establece el Mecanismo de Recuperación y Resiliencia (Reglamento del MMR), mantiene una apuesta decidida por el crecimiento sostenible y el cambio climático, destinando uno de sus 6 pilares principales a la transición ecológica. El Mecanismo se justifica teniendo en cuenta «el Pacto Verde Europeo como estrategia de crecimiento sostenible de Europa, y por la importancia de combatir el cambio climático en consonancia con los compromisos de la Unión de aplicar el Acuerdo de París y alcanzar los Objetivos de Desarrollo Sostenible de las Naciones Unidas», para contribuir «a la integración de la acción por el clima y la sostenibilidad ambiental y a que se alcance el objetivo general de destinar el 30 % de los gastos del presupuesto de la Unión a apoyar objetivos climáticos». A tal fin, establece que «las medidas respaldadas por el Mecanismo e incluidas en los planes de recuperación y resiliencia de cada Estado miembro, deben contribuir a la transición ecológica incluida la biodiversidad, o a afrontar los retos que se derivan de ella, y deben representar un importe que suponga al menos el 37 % de la asignación total del plan de recuperación y resiliencia». En consecuencia, en este considerando 23 in fine establece que: aspectos que, a priori, serían determinantes para abordar con solvencia los requerimientos del PRTR» y «Se configura sobre la base de una serie de preguntas relativamente sencillas, pero con gran trascendencia en cuanto a la exigencia que subyace en cada término». El Reglamento del MRR consagra el principio DNSH como un mecanismo específico para garantizar la sostenibilidad de este instrumento de financiación, haciendo recurrentes referencias a lo largo del texto6 . En consecuencia, los Estados Miembros deben también garantizar que las medidas contempladas en sus planes nacionales cumplan este mismo principio tal como establece el considerando 25: «Los Estados miembros deben garantizar que las medidas incluidas en sus planes de recuperación y resiliencia cumplan con el principio de «no causar un perjuicio significativo» en el sentido del artículo 17 del Reglamento (UE) 2020/852» En cuanto a la definición del principio DNSH, ésta se ofrece en el apartado 6 del artículo 2 del Reglamento del MMR: «"no causar un perjuicio significativo": no apoyar o llevar a cabo actividades económicas que causen un perjuicio significativo a alguno de los objetivos medioambientales, en su caso, en el sentido del artículo 17 del Reglamento (UE) 2020/852» Y en el artículo 5 del Reglamento del MRR se destaca su alcance como «principio horizontal» de aplicación a todo el MMR, en virtud del cual el mecanismo «solo apoyará aquellas medidas que respeten el principio de "no causar un perjuicio significativo"». Esta obligación de evaluación inicial del principio DNSH se traslada del nivel de planificación nacional de los Estados miembros al nivel de ejecución, lo que supone que se deberá evaluar en todos los procedimientos administrativos por los que se canalicen las actuaciones financiadas: subvenciones, procedimientos de contratación pública, convenios, encargos, encomiendas y cualquier otro instrumento jurídico de ejecución del PRTR. Por lo que respecta a la interpretación del principio, hay que tener en cuenta la remisión que se realiza a «los objetivos medioambientales en el sentido del artículo 17 del Reglamento (UE) 2020/852», conocido como Reglamento de 6 Considerando 23, 25 y 39; artículo 2 (Definiciones); artículo 18.3 (Plan de Recuperación y Resiliencia); artículo 19. 3 a) (Evaluación de la Comisión); y Anexo V apartado 2.4 (Directrices de evaluación del Mecanismo). Según el Reglamento del MRR, los planes de recuperación y resiliencia deben estar evaluados para garantizar que todas y cada una de las medidas (es decir, cada reforma y cada inversión) cumplen con el principio de «no causar un perjuicio significativo» de manera que ninguna de ellas pueda ocasionar un retroceso en el nivel de protección efectivo del medio ambiente. Inversiones Sostenibles, que exige evaluar la sostenibilidad en función de la descripción contenida en el citado artículo respecto cada a uno de los seis objetivos ambientales (6 OA), aunque tal como matiza: sin exigir el uso de los criterios definidos en los actos delegados que deben aprobarse en virtud de este último Reglamento. El principio DNSH se emplea aquí, en el marco de la taxonomía, como uno de los elementos de los criterios uniformes para «evitar que una inversión se considere medioambientalmente sostenible cuando las actividades económicas a las que beneficia provoquen en el medio ambiente daños más importantes que la contribución que aportan a un objetivo medioambiental» (considerando 34 del citado Reglamento). El propio Reglamento asume que nos hallamos ante un principio complejo, pues para la evaluación del impacto ambiental de una actividad económica se requieren unos criterios técnicos específicos que es preciso adaptar periódicamente para reflejar la evolución de la ciencia y tecnología, actualización que también es exigible respecto a las condiciones de «contribución sustancial y perjuicio significativo». Y para ello encomienda a la Comisión que concrete, mediante actos delegados, estos criterios técnicos de selección de las actividades económicas sostenibles para cada objetivo y cada sector ambiental pertinente, tal como se establece en el considerando 38: «Habida cuenta de los detalles técnicos específicos que se requieren para evaluar el impacto ambiental de una actividad económica y de la rapidez con que evoluciona la ciencia y la tecnología, los criterios de las actividades económicas medioambientalmente sostenibles deben adaptarse periódicamente para que reflejen dicha evolución. Para que los criterios estén actualizados, con arreglo a los datos científicos y a las aportaciones de los expertos y las partes interesadas pertinentes, las condiciones de contribución sustancial y perjuicio significativo deben especificarse con más detalle respecto de las diferentes actividades económicas y actualizarse periódicamente. Con este objetivo, la Comisión debe establecer criterios técnicos de selección detallados y calibrados respecto de las distintas actividades económicas, basándose en la aportación técnica de una plataforma sobre finanzas sostenibles de carácter multilateral» Y en esta misma línea de definición del principio en la Comisión, se establece en el considerando 54: La Plataforma de Finanzas Sostenibles de la UE publicó un borrador de informe sobre recomendaciones preliminares para los criterios de selección técnica para la taxonomía (Fecha de último acceso 01/11/2021) en el que se proponen criterios para clasificar cuándo una amplia gama de industrias y actividades diferentes pueden considerarse respetuosas con el medioambiente, que abarca entre muchas otras, el tratamiento de aguas residuales o la gestión de residuos. El informe y su anexo proponen los criterios de selección técnica para la «contribución sustancial» a la sostenibilidad y los criterios DNSH. «A fin de especificar los requisitos contenidos en el presente Reglamento, y en particular para establecer y actualizar criterios técnicos de selección específicamente pensados y pormenorizados para distintas actividades económicas en cuanto a lo que constituye una «contribución sustancial» y un «perjuicio significativo» a los objetivos medioambientales, deben delegarse en la Comisión los poderes para adoptar actos con arreglo al artículo 290 del TFUE, por lo que respecta a la información necesaria para cumplir la obligación de información en virtud del presente Reglamento, y por lo que respecta a los criterios técnicos de selección» Tras estas determinaciones previas a su articulado, el Reglamento de Inversiones en su artículo 17 relativo al Perjuicio significativo a objetivos medioambientales, establece que «teniendo en cuenta el ciclo de vida de los productos suministrados y los servicios prestados por una actividad económica, en particular pruebas extraídas de las evaluaciones del ciclo de vida existentes», se considerará que una actividad económica causa un perjuicio significativo a alguno de los 6 objetivos ambientales cuando se den una serie de circunstancias.

IV. LAS COMUNIDADES ENERGÉTICAS, UNA SOLUCIÓN PARA AHORRAR EN GASTO ENERGÉTICO Y COMO MEDIDA PARA PRESERVAR LA BIODIVERSIDAD

Las Comunidades Energéticas suponen un aprovechamiento de la capacidad de generación eléctrica o térmica, una mejora de la eficiencia energética o un desarrollo de sistemas de movilidad sostenible, con potencial para un desarrollo de la gestión de la demanda en futuro. A través de la inversión en estas medidas, los actores de la comunidad energética podrían beneficiarse adicionalmente. Por otra parte, la comunidad o el área local, se beneficiaría en términos medioambientales y sociales. Y es que las comunidades energéticas son, principalmente, un concepto social, donde la gobernanza de ciudadanos, pymes y autoridades locales prima[78].

Las comunidades energéticas pueden llevar a cabo múltiples actividades: producir, consumir, almacenar, compartir o vender energía. Un ejemplo de este tipo de actividades en las que se pueden basar, son el autoconsumo o la generación distribuida, que suponen un factor importante para el ahorro económico de muchas familias, especialmente para las más vulnerables, pudiendo de esta

---

78. https://www.idae.es/

forma hacer frente a la pobreza energética. Además, se evita la dependencia sobre las compañías eléctricas convencionales y se aumenta la competitividad en la industria. Los beneficios ambientales son importantes, con una disminución de la energía consumida, un aumento de energía renovable distribuida o una reducción de los combustibles fósiles utilizados, así como los sociales, con el empoderamiento ciudadano, la creación de empleo local, la creación de un tejido comunitario o la reinversión de los beneficios de la actividad en los aspectos prioritarios para la comunidad. Como podéis ver, una mayor participación de la ciudadanía en el sector energético es crucial para el cambio y refuerza el papel de los ciudadanos y garantiza el derecho de acceso a la energía.

Que entiende la UE como Comunidad Energética y marco español

La normativa europea, introduce dos conceptos sobre lo que se entiende como comunidad energética:

— Comunidad Ciudadana de Energía, CCE (Directiva UE 2019 / 944, sobre normas comunes para el mercado interior de la electricidad, Art. 16)
— Comunidad de Energía Renovable, CER (Directiva UE 2018 / 2001, fomento uso de energía procedente de fuentes renovables, Art. 22)

En el marco jurídico español, en el Real Decreto-ley 23/2020, de 23 de junio, por el que se aprueban medidas en materia de energía y en otros ámbitos para la reactivación económica, mediante la modificación de varios artículos de la Ley 24/2013, de 26 de diciembre, del Sector Eléctrico, se definen las Comunidades de Energías Renovables como «entidades jurídicas basadas en la participación abierta y voluntaria, autónomas y efectivamente controladas por socios o miembros que están situados en las proximidades de los proyectos de energías renovables que sean propiedad de dichas entidades jurídicas y que estas hayan desarrollado, cuyos socios o miembros sean personas físicas, pymes o autoridades locales, incluidos los municipios y cuya finalidad primordial sea proporcionar beneficios medioambientales, económicos o sociales a sus socios o miembros o a las zonas locales donde operan, en lugar de ganancias financieras.» Por tanto, estas comunidades pueden basarse en instalaciones de cualquier vector energético, siempre y cuando sea renovable.

¿Cuáles son las principales actividades que se desarrollan en una Comunidad Energética?

— Generación de energía que proceda de fuentes renovables.
— Proporcionar servicios de eficiencia energética (incluyendo, por ejemplo, renovaciones de edificios).
— Suministro, consumo, agregación y almacenamiento de energía y potencialmente distribución.
— Prestación de servicios de recarga de vehículos eléctricos o de otros servicios energéticos.

Ventajas de las Comunidades Energéticas

156

— Proporcionan a los ciudadanos un acceso justo y fácil a recursos locales de energía renovable y otros servicios energéticos o de movilidad, pudiendo beneficiarse de inversiones en los mismos.

— Los usuarios podrán tomar el control y tendrán una mayor responsabilidad para la auto-provisión de sus necesidades energéticas.

— Se crean oportunidades de inversión para ciudadanos y negocios locales

— Ofrecer a las comunidades la posibilidad de crear ingresos que se generan y permanecen en la propia comunidad local, aumentando la aceptación del desarrollo de energías renovables locales

— Facilitación de integración de energías renovables en el sistema a través de la gestión de la demanda

— Beneficios ambientales.

— Beneficios sociales: creación de empleo local y fomento de la cohesión y equidad social

El protagonismo de los usuarios para gestionar su propia energía

Estas comunidades son entidades jurídicas de participación totalmente voluntaria y abierta, donde el control efectivo lo ejercen miembros que pueden ser personas físicas, pymes o autoridades locales. El objetivo social por el que se rigen será ofrecer beneficios energéticos a la comunidad, de los que se derivan también importantes objetivos medioambientales, económicos o sociales hacia los miembros de la comunidad o de la localidad.

Las Comunidades Energéticas son organizaciones donde los miembros que forman parte se implican de manera directa en la planificación e implementación de las medidas que llevarán a cabo para la implantación de energías renovables en la producción, consumo y/o comercialización de energía eléctrica, térmica (calefacción), mecánica o combustible (biogás), así como en el desarrollo de medidas de eficiencia energética o de movilidad sostenible. Las comunidades utilizan, además, los recursos locales que tienen a su alcance y de los que pueden disponer (energía eólica, solar, biomasa, etc.). Con ello consiguen ser aún más autónomos y disminuir la dependencia de energía externa.

Las Comunidades Energéticas fomentan sobre todo el ahorro energético y contribuyen al desarrollo de la generación distribuida, a reducir enormemente la dependencia energética y cumplir los objetivos energéticos y medioambientales fijados para reducir el impacto medioambiental. ¿Qué más se puede pedir?

¿Cuáles son los beneficios de la Comunidades Energéticas?

Beneficio medioambiental

En España, el problema de la dependencia energética es muy importante, siendo esta de casi el 70%. Además la reducción de las emisiones y la sustitución de energías por renovables fijadas para 2030 deben cumplirse y aún nos queda un largo trecho para que estos datos se materialicen. Es aquí donde entran en juego las Comunidades Energéticas, suponiendo un importante cambio en el proceso de transición energética en nuestro país y en el resto del mundo.

Por ello las energías renovables y la eficiencia energética que se utilizan en estas Comunidades tienen esa implicación de «tecnologías limpias» que van a generar calor y/o electricidad sin usar combustibles fósiles y contaminantes. Ofreciendo de esta forma una alternativa limpia, autóctona, segura y cada vez más rentable, además de la gran contribución sobre la reducción de emisiones de gases contaminantes y el impacto negativo del cambio climático.

Beneficio socio-económico

1. Reducción de costes y de la dependencia energética: con estas medidas de eficiencia energética se disminuye la demanda energética y con el uso de energías renovables se reduce en consecuencia la demanda de combustibles fósiles. ¿El resultado? Una reducción de la dependencia energética y del coste de suministro energético para la comunidad o localidad.
2. Facilitación de integración de energías renovables en el sistema a través de la gestión de la demanda
3. Se fomenta la creación de empleo y se estimula el desarrollo de negocios locales relacionados directa o indirectamente con el sector de las renovables.
4 Se añade un valor adicional a nivel local, ofreciendo la posibilidad de promover nuevas inversiones en la comunidad.
5. Gran mejora de las condiciones de vida en las zonas urbanas y rurales.
6. Mayor cohesión social.

Barreras a las que debe hacer frente

Frente a las ventajas que ofrecen las Comunidades Energéticas, actualmente se generan una serie de barreras que frenan el desarrollo de este nuevo modelo energético:

— Cambios en las normativas o reducción de incentivos.
— Falta del marco normativo y/o de un grado suficiente de su desarrollo.
— Complejidad a la hora de realizar los procedimientos administrativos.
— Dificultad de acceso a la financiación: falta de confianza de los inversores, alto riesgo real o en cuanto a la percepción del inversor.
— Falta de interés por parte de la ciudadanía.
— Falta del tiempo de dedicación voluntaria.
— Escasa motivación por parte de los miembros de la comunidad.
— Dificultad a la hora de acceder al conocimiento experto.

BIBLIOGRAFÍA

ALENZA GARCÍA, J. F., **El Sistema de la gestión de residuos sólidos urbanos en el Derecho Español, Instituto Nacional de Administración Pública, Boletín Oficial del Estado, Madrid, 1997.**

ALENZA GARCÍA, J. F., **Manual de Derecho ambiental**, Universidad Pública de Navarra, Pamplona, 2001.

BERNAD FURES, Mª., «La fiscalidad como motor de cambio en la movilidad sostenible», **Revista Quincena Fiscal** nº 22, quincena del 16 al 31 de diciembre, 2024.

BETANCOR RODRÍGUEZ, A. en **Instituciones de Derecho Ambiental**, La Ley, Madrid, 2001.

BOKOBO MOICHE, S., «Tributación ambiental. Una respuesta a las necesidades económicas de los municipios turísticos», en la obra colectiva **III Congreso Universidad y Empresas. Municipios turísticos. Tributación y contratación empresarial. Formación y Gestión del capital humano**, Tirant lo Blanch, Valencia, 2000.

BORRERO MORO, C., **La tributación ambiental en España**, Tecnos, 1999, Madrid.

«Un sueño frustrado», **Quincena Fiscal Aranzadi**, nº 3/2007, (BIB 2007/39).

«Límites del Derecho Comunitario en los tributos ambientales», en Noticias de la Unión Europea, núm. 193, 2001

BUJONS, L.: «Exención en el Impuesto sobre el Patrimonio de la participación en Sociedades de Capital Riesgo: Consulta Vinculante DGT 135-08», **Quincena Fiscal Aranzadi**, núm. 9/2008. (BIB 2008/604).

BUÑUEL GONZÁLEZ, M.: «Justificación económica de los tributos ambientales: la reforma fiscal ecológica», Resumen y conclusiones del grupo de trabajo GT25. **Fiscalidad ambiental, VI Congreso Nacional del Medio Ambiente.**

CALVO ORTEGA, R., **Curso de Derecho Financiero I. Derecho Tributario (Parte General)**, Civitas, Madrid, 2000.

CALVO VÉRGEZ, J. «A vueltas con la creación de un gravamen medioambiental sobre el plástico: situación actual y perspectivas de futuro a nivel comunitario (y estatal)», **Revista Aranzadi Unión Europea**, núm. ·/2021.

La aplicación del nuevo impuesto sobre el depósito de residuos en vertederos, la incineración y la coincineración de residuos: principales cuestiones, **Revista Aranzadi de Derecho Ambiental**, nº 58, Sección Doctrina, Segundo cuatrimestre de 2024, Aranzadi.

CARBAJO JOSA, A., «La energía: ayer, hoy y mañana», **Revista de Occidente**, nº382, marzo 2013.

CASADO OLLERO, G.: **El Sistema Impositivo de las Comunidades Autónomas (Una aproximación a las funciones del tributo regional),** Publicaciones del Instituto de Desarrollo Regional, Universidad de Granada, 1981

CASADO OLLERO, G., «Los fines no fiscales de los tributos», **Revista de Derecho Financiero y Hacienda Pública**, nº 213.

CASAS AGUDO, D., «Eficiencia energética y fiscalidad municipal de la vivienda. Especial consideración de los incentivos a la energía solar (I)», **Revista Española de Derecho Financiero** nº 206, segundo trimestre de 2025.

CAYETANO LÓPEZ, «Una transición energética imprescindible», en **Revista Claves de Razón Práctica**, nº 268, enero/febrero 2020.

CÉSAR GARCÍA, J., «Sugerencias por considerar ante una reforma de la fiscalidad ambiental», **LIBRO BLANCO para la reforma fiscal en España Una reflexión de 60 expertos para el diseño de un sistema fiscal competitivo y eficiente**, Instituto de Estudios Económicos, 2022.

COBOS GÓMEZ, J. M., Y FERNÁNDEZ DE BUJÁN Y ARRANZ, A., «La (escasa) ambientalización del IRPF en la reforma fiscal: promoción de los vehículos energéticamente eficientes», **Revista Aranzadi Doctrinal** num.3/2016 BIB 2016\734.

CORNEJO, «Fiscalidad Ambiental y competitividad internacional: Los ajustes fiscales en frontera», **Documento de Trabajo**, nº 4, 2003, Fundación Biodiversidad, Madrid.

CHECA GONZÁLEZ, C., «El Impuesto sobre tierras infrautilizadas de la Comunidad Autónoma Andaluza. Comentario a la sentencia TC S 37/1987 de 26 de marzo», **Impuestos**, 1987, Tomo I.

Las exenciones tributarias en el ordenamiento español, Lex Nova, 2001

«Los impuestos con fines no fiscales: Notas sobre las causas que los justifican y sobre su admisibilidad constitucional», **Civitas REDF**, nº 40.

«Consideraciones ante la modificación de la LOFCA por la Ley Orgánica 3/2009, de 18 diciembre», **Quincena Fiscal Aranzadi**, nº 3/2010. (BIB 2010/62).

«Tributación medioambiental y extrafiscalidad irregular. Análisis a propósito de la nueva redacción del art. 6.3 LOFCA y de la propuesta comunitaria de transformación del IVTM en un impuesto medioambiental», **Quincena Fiscal Aranzadi**, nº 10/2011, (BIB 2011/650).

«Los bienes destinados a la producción de energía eléctrica, tales como los parques eólicos, sólo quedan excluidos de la consideración de «BICES» si en ellos no concurren los caracteres delimitadores de los mismos, al margen de cuál sea su potencia», **Revista Jurisprudencia Tributaria Aranzadi** nº 15/2007. BIB 2007\1998.

Ponencia «Propuesta sobre la población ajustada «potencial», impartida en la jornada «políticas fiscales contra la despoblación» 21 de febrero de 2022 en la Facultad de Derecho de la Universidad de Extremadura.

DOCUMENTO DE ACCIÓN COMISIÓN DE DESPOBLACIÓN Listado de medidas para luchar contra la despoblación en España, COMISIÓN DESPOBLACIÓN FEDERACIÓN ESPAÑOLA DE MUNICIPIOS Y PROVINCIAS ABRIL DE 2017

DE ORO PULIDO LÓPEZ, M., «La Jurisprudencia de la Sala Tercera del Tribunal Supremo sobre medio ambiente y urbanismo», en la obra colectiva, **La protección jurisdiccional del medio ambiente**, Escuela Judicial Consejo General del Poder Judicial. Cuadernos de Derecho Judicial. Madrid, 2001.

DOMÍNGUEZ ÁLVAREZ, J. L., «La importancia de las consideraciones medioambientales en la ejecución del plan de recuperación, transformación y resiliencia. Retrospectivas de futuro», **Actualidad Jurídica Ambiental**, n.114, Sección «Artículos doctrinales».

DOPAZO FRAGUÍO, P., «la renovación energética ante el cambio climático: marco estratégico, instrumentos y prácticas», **Actualidad Jurídica Ambiental**, n. 98, enero 2020.

FERNÁNDEZ DE GATTA SÁNCHEZ, D. «Avances en la economía circular: nueva legislación sobre residuos y plásticos» **Actualidad Jurídica Ambiental,** n. 108 Sección «Artículos doctrinales».

FERNÁNDEZ LÓPEZ, «Un nuevo enfoque de la tributación ambiental: fiscalidad específica sobre las fuentes de energía renovables», **Quincena Fiscal Aranzadi**, nº 22/2010, (BIB 2010/2495).

GARCÍA DE PABLOS J. F., «Los nuevos impuestos sobre residuos y envases de plástico», **Quincena Fiscal** nº 11/2021, BIB 2021\3325.

GARCÍA-HERRERA BLANCO, C.: «Incentivos energéticos en el Impuesto sobre la electricidad: perspectiva interna y comunitaria», **Revista Noticias de la Unión Europea**, nº 237, 2004.

GARCIA BERNALDO DE QUIROS, J., «Las competencias autonómicas sobre medio ambiente y su problemática en los Tribunales Superiores de Justicia», en la obra colectiva **La protección jurisdiccional del medio ambiente**, Escuela Judicial . Consejo General del Poder Judicial. Cuadernos de Derecho Judicial. Madrid, 2001.

GIMÉNEZ CERVANTES, J.: «El régimen jurídico de las energías renovables en España», en la obra colectiva **Tratado de Regulación del Sector Eléctrico Tomo I. Aspectos Jurídicos**, (Dir.: Becker, F. y otros), Aranzadi, 2009.

GIL MACIÁ, L., «¿Cómo regulan las capitales españolas las bonificaciones medioambientales en sus impuestos?» **Revista Aranzadi de Derecho Ambiental** num.42/2019, BIB 2019\1853.

GONZÁLEZ-GAGGERO PRIETO-CARREÑO, P., ¿Es posible aunar protección medioambiental y competitividad empresarial? Reflexiones ante la reforma de la fiscalidad medioambiental, **LIBRO BLANCO para la reforma fiscal en España Una reflexión de 60 expertos para el diseño de un sistema fiscal competitivo y eficiente** Instituto de Estudios Económicos, Madrid, 2022.

GUTIÉRREZ PÉREZ, M., «La protección del medio ambiente como factor condicionante de las relaciones laborales», **Revista Doctrinal Aranzadi Social** num. 3/2010. BIB 2010\742.

HERMOSÍN ALVAREZ, M., «Restricciones a los cambios de residencia habitual de las personas físicas para lograr una menor tributación efectiva, *Revista Quincena Fiscal* nº 21/2016, (BIB 2016/85650)

HERNÁNDEZ BENGOA, El capital riesgo en España, en la obra colectiva **Régimen jurídico y tributario del capital riesgo en España. Entidades y operaciones**, Marcial Pons-Cuatrecasas, 2006.

HERRERA MOLINA, P. M., **Derecho Tributario Ambiental**, Marcial Pons, Madrid, 2000

INFORME DEL GRUPO DE TRABAJO SOBRE EL CÁLCULO DE LA POBLACIÓN AJUSTADA, Madrid, 3 de noviembre de 2021

INFORME La despoblación de la España interior (Eduardo Bandrés y Vanessa Azón), Funcas, 2020

JIMÉNEZ VARGAS P. J., «Fiscalidad ambiental en España y su armonización europea. Environmental taxation in Spain and the European harmonization», BIB 2015\18385, **Revista Quincena Fiscal** num.1/2016.

LAGO MONTERO J. Mª., **El Poder Tributario de las Comunidades Autónomas,** Aranzadi, 2000.

LEJEUNE VALCARCEL, E.: «Aproximación al principio constitucional de igualdad tributaria», en la obra colectiva **Seis estudios sobre Derecho Constitucional e Internacional Tributario**, Edersa, Madrid, 1980

LARA GONZÁLEZ, R.: «El capital riesgo en la Ley 44/2002, de 22 de noviembre (RCL 2002, 2722)», **Aranzadi Civil** núm. 15/2002. BIB 2002/2108.

LEJEUNE VALCARCEL, E.: «Aproximación al principio constitucional de igualdad tributaria», en la obra colectiva **Seis estudios sobre Derecho Constitucional e Internacional Tributario**, Edersa, Madrid, 1980.

Libro Blanco sobre el crecimiento, competitividad y empleo. Retos y pistas para entrar en el siglo XXI. Bruselas, 5 de diciembre de 1993, COM (93).

LUCAS DURÁN, M., «Energías renovables y fiscalidad local», en la obra colectiva **Estudios Jurídicos sobre Hacienda Local.**

LUCHENA MOZO, Mª G., **La fiscalidad como elemento incentivador de la descarbonización. El autoconsumo eléctrico.** Revista Quincena Fiscal num.5/2022 **BIB 2022\506**

MARTÍN FERNÁNDEZ, «La deducción por inversión en bienes ambientales a la luz del principio «quien contamina paga» y la prohibición de ayudas de Estado», **Revista Noticias de la Unión Europea**, nº 23, 2004.

MARTIN QUERALT, LOZANO SERRANO, CASADO OLLERO Y TEJERIZO LOPEZ, **Curso de Derecho Financiero y Tributario**, Tecnos, Madrid, 2000.

MARTÍN PASCUAL, **Fiscalidad de las entidades e instrumentos de financiación de PYME,** Civitas, Madrid, 2002.

MARTÍN SANTANA, L., «Finalidad extrafiscal en los tributos que gravan el autoconsumo eléctrico de fuentes de energía renovables», BIB 2020\37140, **Revista Quincena Fiscal** num.21/2020.

MARTOS GARCÍA, «Tributación medioambiental y extrafiscalidad irregular. Análisis a propósito de la nueva redacción del art. 6.3 LOFCA y de la propuesta comunitaria de transformación del IVTM en un impuesto medioambiental», **Quincena Fiscal Aranzadi**, nº 10/2011, (BIB 2011/650).

MENÉNDEZ MORENO, A., «Nuestra fiscalidad medioambiental a vista de pájaro». **Revista Quincena Fiscal** num.19/2019 BIB 2019\9136.

«Paradojas de la fiscalidad medioambiental», **Revista Quincena Fiscal** num. 19/2021. BIB 2021\5138

MORENO DÍEZ, Mª A., **Fiscalidad de la energía nuclear**, 2019, Tesis doctoral. Repositorio de Tesis doctorales.

MUR PÉREZ, A., «La fiscalidad del automóvil como factor clave para el cumplimiento de los objetivos medioambientales», **LIBRO BLANCO para la reforma fiscal en España Una reflexión de 60 expertos para el diseño de un sistema fiscal competitivo y eficiente**, Instituto de Estudios Económicos, 2022.

MUÑOZ VILLARREAL, A., «Fiscalidad y medioambiente. Estado de la Cuestión», AJEE, XLVI (2013).

PABLOS MATEOS, F., «Los beneficios fiscales en el marco del reto demográfico: el caso de Portugal», **Revista Quincena Fiscal**, nº 17/2021, BIB 2021/4862

PÉREZ FADÓN MARTÍNEZ, «Régimen fiscal de la empresa familiar en España», **Impuestos** 7/2001

PÉREZ ROYO, I.: «EL Impuesto sobre Sociedades (II). Los regímenes especiales», en la obra colectiva **Curso de Derecho Tributario. Parte Especial**. Tecnos, 2008

PINTADO, T. R. y GARCÍA PÉREZ DE LEMA, D.: «La participación financiera del capital riesgo español según la procedencia pública o privada de sus recursos», **Economía Industrial**, nº 362, 2006 pág. 155.

PUCHOL TUR, T., «El futuro impuesto sobre plásticos no reutilizables, **Revista Quincena Fiscal**, núm. 4/2021, (BIB 2021/1011)

RIBES RIBES, A., «La economía circular del plástico: algunas reflexiones sobre el impuesto español», **Revista de Fiscalidad Internacional y Negocios Transnacionales**, Aranzadi Nº 24, Sección Estudios, Tercer cuatrimestre de 2023 BIB\2023\3140

ROMERO ABOLAFIO, J. J., «Últimos avances de la UE contra las bolsas de plástico desde una perspectiva tributaria», **Revista Quincena Fiscal**, núm. 12/2016, (BIB 2016/2122)

ROZAS VALDÉS, J. A., «Haciendas Locales y Medio Ambiente», **Impuestos**, tomo II, 1997.

RUANO, A.: «El régimen tributario de las Entidades de Capital-Riesgo (ECRs)», **Revista Quincena Fiscal Aranzadi** nº 2/20004. BIB 2004/768.

RUIZ GARIJO, M., **Tributos Autonómicos**. BIB 2018\10904, Editorial Aranzadi, 2018.

Introducción al Sistema Tributario Español. BIB 2018\10813, Editorial Aranzadi, 2018.

RUIZ -RICO RUIZ, «La Jurisprudencia constitucional española en materia de medio ambiente», en la obra colectiva **La protección jurisdiccional del medio ambiente**, Escuela Judicial. Consejo General del Poder Judicial. Cuadernos de Derecho Judicial. Madrid, 2001

SAINZ DE BUJANDA, F.: **Sistema de Derecho Financiero, I, vol. II**, Madrid, 1985, pág. 22; VICENTE ARCHE, F.: «Apuntes sobre el instituto del tributo, con especial referencia al Derecho español», **Civitas REDF**, nº 7, 1975.

SIMON ACOSTA, E.: **La autonomía financiera de las regiones**, Facultad de Derecho de la Universidad de Extremadura, Cáceres, 1978.

«A vueltas con la prueba de la residencia fiscal fuera de España», **Actualidad Jurídica Aranzadi**, nº 917/2016, Aranzadi, 2016, BIB 2016/2228.

TRÍAS SAGNIER, M.: «La importancia del capital riesgo para el desarrollo económico. Momento actual de la industria», en la obra colectiva **Régimen jurídico y tributario del capital riesgo en España. Entidades y operaciones**, Marcial Pons-Cuatrecasas, 2006, págs. 17 a 19.

VAQUERA GARCÍA, A., **Fiscalidad y medio ambiente**, Lex Nova, Valladolid, 1999.

VICENT CHULIÁ, F.: «Dividendos y capital riesgo», en la obra colectiva **Régimen jurídico y tributario del capital riesgo en España. Entidades y operaciones**, Marcial Pons-Cuatrecasas, 2006

VICENTE DÁVILA, F., «El principio de no causar un perjuicio significativo al medio ambiente (DNSH) como mecanismo de evaluación ambiental de las actuaciones del plan de recuperación, transformación y resiliencia: a propósito de la orden HFP/1030/2021, del 29 de septiembre por la que se configura el sistema de gestión del plan de recuperación, transformación y resiliencia», **Actualidad Jurídica Ambiental**, n. 119, sección «artículos doctrinales».

YEBRA MARTUL-ORTEGA, P.: «Comentarios sobre un precepto olvidado: el artículo cuatro LGT»; **Hacienda Pública Española**, nº 32, 1975.